SAMMLUNG GÖSCHEN BAND 769/769a

HEBRÄISCHES TEXTBUCH

zu

G. Beer - R. Meyer, Hebräische Grammatik

von

D. RUDOLF MEYER

o. Professor an der Universität Jena

WALTER DE GRUYTER & CO.

vormals G. J. Göschen'sche Verlagshandlung · J. Guttentag, Verlagsbuchhandlung · Georg Reimer · Karl J. Trübner · Veit & Comp.

BERLIN 1960

Inhalt

Abkürzungsverzeichnis

(Nachtrag)

Literatur

BASOR.	=	Bulletin of the American Schools of Oriental Research.
1 QH	=	Dankpsalmen aus Höhle 1 von Qumran; E. L. Sukenik, The Dead Sea Scrolls of the Hebrew University (Jerusalem 1955), Tafel 35—58.
1 Q Jes.[a]	=	Erste Jes.-Rolle aus Höhle 1 von Qumran; M. Burrows, The Dead Sea Scrolls of St. Mark's Monastery I (1950), Tafel I—LIV.
1 QLv.	=	Lv.-Fragmente aus Höhle 1 von Qumran; D. Barthélemy-J. T. Milik, Discoveries in the Judaean Desert I: Qumran Cave I (1955), 51—54.
1QMyst	=	Buch der Geheimnisse aus Höhle 1 von Qumran; D. Barthélemy-J. T. Milik, a. a. O., 102—107.
1 Q S	=	Ordensregel aus Höhle 1 von Qumran; M. Burrows, a. a. O. II, 2 (1951), Tafel I—XI.
1 Q Sa	=	Gemeindeordnung aus Höhle 1 von Qumran; D. Barthélemy-J. T. Milik, a. a. O., 108—118.
V T.	=	Vetus Testamentum. Quarterly published by the International Organization of Old Testament Scholars (Leiden 1951 ff.).
Fr.	=	Fragment

Für die Anfertigung des Wörterverzeichnisses und der Register danke ich Frau Dozentin Dr. theol. habil. Eva Oßwald, meiner Assistentin Jutta Körner und meiner Frau; für wertvolle Unterstützung beim Lesen der Korrekturen bin ich meinem Aspiranten, Lektor Dr. theol. Manfred Weise, zu besonderem Dank verpflichtet.

Einführung

Entsprechend dem Grundsatz der Sammlung Göschen, nicht nur Elementarkenntnisse zu vermitteln, sondern zugleich einen Querschnitt durch den gegenwärtigen Forschungsstand zu geben, ist auch das „Hebräische Textbuch" angelegt, das die „Hebräische Grammatik"[1]) ergänzen soll. Im Gegensatz zu dem von G. Beer seinerzeit verfaßten „Hebräischen Übungsbuch"[2]) wurde auf Leseübungen, kleine Übungssätze und Lesestücke, die zum Übersetzen aus dem Deutschen in die Fremdsprache bestimmt sind, aus methodischen Gründen verzichtet.

Stattdessen findet der Anfänger in den **Übungstexten mit Umschrift** vier Originalbeispiele teils in Prosa, teils in gebundener Rede, deren Lesung er an Hand der Umschrift selbst überprüfen kann. Erst wenn man einen Text fließend zu lesen vermag, sollte man mit der Übersetzung beginnen. Hierbei wird der Kommentar entsprechende Hilfe leisten, indem er jeweils auf die einschlägigen Paragraphen der „Hebräischen Grammatik" verweist und darüber hinaus schwierigere Wurzeln angibt, um die Benutzung des Wörterverzeichnisses zu erleichtern.

Zur weiteren Einarbeitung in die traditionell gewordene Form des biblischen Hebräisch dienen die **Texte in tiberischer Vokalisation.** Auch hier ist die Auswahl so getroffen, daß in zehn Beispielen sowohl Prosa wie Dichtung zu Worte kommen. Wer in letzterem Falle die Angabe der metrischen Gliederung vermißt, sei darauf hingewiesen, daß die Erörterung der äußerst schwierigen und gerade gegenwärtig stark umstrittenen Frage der hebräischen Rhythmik den

---

[1]) G. Beer-R. Meyer, Hebräische Grammatik I² (1952); II² (1955) = Sammlung Göschen 763/763a; 764/764a.

[2]) G. Beer, Hebräisches Übungsbuch (1915; Neudruck 1928) = Sammlung Göschen 769.

Rahmen des „Hebräischen Textbuches" sprengen würde[1]). Um das Satzbild zu vereinfachen, wurde auf eine Wiedergabe des Akzentsystems verzichtet; lediglich Silluq, Atnaḥ und ʿOlewejored[2]) wurden gesetzt, da sie die wesentlichen Interpunktionszeichen darstellen (§ 15,4). Wo andere trennende Akzente die Aussprache beeinflussen, ist dies in der Regel im Kommentar vermerkt.

Zur Beherrschung des biblischen Hebräisch gehört, daß man sich von der Punktation löst und lernt, den Konsonantentext als solchen zu verstehen. Dementsprechend bietet das „Hebräische Textbuch" acht **unpunktierte kanonische Texte.** Der beigegebene Kommentar ist im wesentlichen am tiberischen System ausgerichtet; jedoch wird der aufmerksame Leser bald feststellen, daß der Konsonantentext gegenüber der Vokalisation nicht selten sein Eigengewicht erkennen läßt und somit die tiberische Lesung sowohl morphologisch wie syntaktisch nur eine neben anderen Möglichkeiten darstellt.

Damit aber ist die Frage nach dem gegenwärtigen Stand der Forschung berührt. Die „Hebräische Grammatik" verweist an Hand von außertiberischen Beispielen laufend darauf, daß unser traditionelles System nicht ohne weiteres ein zuverlässiges Bild von den älteren Stufen des biblischen Hebräisch vermittelt, sondern daß vortiberische Formen oft eine ursprünglichere und der gelehrten Normierung noch nicht unterworfene Sprachgestalt erkennen lassen. Die weithin begegnende Unterschätzung des vor- und außertiberischen Materials hängt letztlich damit zusammen, daß es einst aus dogmatischen Gründen bis auf Fragmente ausgemerzt worden ist. Denn auf Grund einer Angabe von

---

[1]) Vgl. hierzu etwa St. Segert, Vorarbeiten zur hebräischen Metrik (Archiv Orientální 21 [1953], 481—542). — Zur Kennzeichnung der gebundenen Rede wurde lediglich teilweise eine stichige Aufgliederung angestrebt.

[2]) Nur in Ausnahmefällen werden zuweilen auch kleinere Trenner, soweit sie als Interpunktionszeichen bedeutsam sind, wiedergegeben.

al-Qirqisānī, einem Karäer aus dem 10. Jh. n. Chr., deren Bedeutung P. Kahle als erster erkannt hat[1]), kann man heute wohl mit Sicherheit sagen, daß der Sieg der tiberischen Lesung und damit die Verdrängung älterer Ausspracheformen im Grunde auf eine Übereinkunft zurückgeht, die unter karäischem Einfluß getroffen worden ist.

Zur Ergänzung des sprachlichen Bildes, das sich aus den Einzelbeispielen ergibt, bietet das „Hebräische Textbuch" dementsprechend einige **kanonische Texte in außertiberischer Vokalisation.** Die älteste zusammenhängende Quelle für die Aussprache biblischer Texte, die gegenwärtig erreichbar ist, liegt in der Sekunda, der zweiten Kolumne der Hexapla des Origenes vor; und zwar handelt es sich hierbei um eine griechische Umschrift, die die Juden des 2. Jhs. n. Chr. benutzten, um die heiligen Schriften in der Sprache der Väter rezitieren zu können[2]). Die vorliegende Textprobe aus der Sekunda des Origenes, Ps. 30, 1—13, ist wiedergegeben nach P. Kahle, The Cairo Geniza², S. 163f. Da die Sekunda den masoretischen Konsonantentext (§ 5, 7) voraussetzt, ist derselbe zum Vergleich der griechischen Umschrift beigegeben. Der Kommentar bietet die griechischen Formen in der Umschreibung der „Hebräischen Grammatik" und versucht, sie auf die entsprechenden Vorlagen zurückzuführen. Vokallängen sind hierbei insoweit angegeben, als sie aus den Selbstlauten η und ω hervorgehen oder aber sprachgeschichtliche Wahrscheinlichkeit für sich haben. Da die Explosivlaute *k p t* grundsätzlich als die Spiranten $\chi\ \varphi\ \theta$ erscheinen, ist auch für *b g d* — griechisch $\beta\ \gamma\ \delta$ — Spirierung anzunehmen. Außerdem wird versucht, die hauptsächlichen Formen auf ihre historischen Voraussetzungen hin zu beleuchten.

[1]) P. Kahle, The Masoretic Text of the Bible and the Pronunciation of Hebrew (The Journal of Jewish Studies 7 [1956], 143ff.). — Ya'qūb al-Qirqisānī, Kitāb al-anwār wal-marāqib II, 16. 2 (ed. L. Nemoy [New York 1936], 135f.).
[2]) Vgl. hierzu P. Kahle, The Cairo Geniza² (1959), 158ff.

Im Anschluß an die Sekunda, die weit über ein halbes Jahrtausend vor dem tiberischen System liegt und deren Ausspracheform sowohl zum Samaritanischen wie zur älteren Aussprache der Babylonier Beziehungen aufweist, wird eine Textprobe in palästinischer Punktation, Ps. 71, 5—15, vorgelegt. Das Beispiel in palästinischer Vokalisation (6. bis 8. Jh. n. Chr.) ist der Handschrift Cambridge T-S 12—196, fol. b (P. Kahle, Masoreten des Westens II [1930], S. 27*—31*; 86) entnommen. Zur Vereinfachung des Satzbildes sind die Akzente des Originals weggelassen und lediglich die Vokale samt den diakritischen Zeichen wiedergegeben. Im Gegensatz zur Sekunda fällt auf, daß — wie seit alters in hebräischen Texten — die Vokalzeichen ausgesprochen fakultativ gesetzt sind und besonders dort fehlen, wo bereits Vokalbuchstaben (§ 9) stehen. Die im Kommentar gegebene Umschrift kann daher die Selbstlaute nur insoweit verzeichnen, als sie aus der Kombination von Punktation und Vokalbuchstaben erkennbar sind, während die Vokallängen in erster Linie durch sprachgeschichtliche Erwägungen erschlossen werden können. Trotz gelegentlicher Setzung von Rafe (§ 14,1) ist nicht ersichtlich, wieweit man bei *b g d k p t* spirantische und explosive Aussprache unterschieden hat, doch ist es sehr wahrscheinlich, daß erstere überwog (§ 22, 2).

Bemerkenswert an diesem Beispiel ist ferner, daß einzelne Lautzeichen nicht im Sinne der § 10, 2 gegebenen Tabelle angewendet werden. So steht das *a*-Zeichen ב, das nach der Regel tiberischem Qameṣ — *å* — entspricht, oft für den anderen *a*-Vokal ב, den man mit Pataḥ — *a* — gleichsetzt, und umgekehrt. Der Grund für den wechselnden Gebrauch, auf den der Kommentar besonders aufmerksam macht, ist noch nicht geklärt; immerhin liegt die Vermutung nahe, daß das palästinische System eine Normierung des *a*-Vokalismus noch nicht kennt und daß auch hier erst die Tiberier sich für eine konsequente Aussprache entschieden haben[1]). Ferner begegnet der *e*-Laut meist undifferenziert als ב; doch wird hierfür auch ohne ersichtlichen Grund ב gesetzt, während die Tiberier, wenngleich unter mancherlei Schwankungen, zwischen Ṣere und Segol (§ 11, 3. 4) unterscheiden. Der *u*-Laut endlich wird durch ב, nicht durch ב wiedergegeben. Ein Vergleich mit den im Kommentar verzeichneten tiberischen Formen zeigt, vor welche Probleme man sich in Tiberias gestellt sah, als es darum ging, die Lesung der biblischen Texte festzulegen.

Die babylonische Aussprache des biblischen Hebräisch, die ihrerseits Beziehungen zu den verschiedenen westlichen Systemen aufweist, war einstmals in Asien weit verbreitet[2]). Für ihre Erschließung ist die ältere babylonische Punktation (§ 10, 2), die noch nicht tiberisch beeinflußt ist, von grundlegender Bedeutung. Die Textprobe in der älteren babylonischen Punktation, Ps. 24, 1—10, ist der Handschrift Oxford, Bodleian Library: MS. Heb. d. 37, fol. 50a entnommen, die P. Kahle, Masoreten des Ostens (1913), S. 131ff. 52*, veröffentlicht und besprochen hat. In der Wiedergabe wurde die stichige Gliederung des Originals beibehalten; nur wurde durchweg ein Stichos auf die Zeile gesetzt, während das Original — abgesehen von der ersten Zeile mit einem und der letzten Zeile mit drei Stichen — zwei Halbverse je Zeile enthält.

Das Beispiel ist insofern bemerkenswert, als hier nicht die Versschlüsse, sondern die Versanfänge durch kleine Kreise oder Pfeile bezeichnet sind; in unserem Text sind hierfür einheitlich kleine Kreise über der Zeile angewendet. Genau wie die palästinische, ist auch die ältere babylonische Voka-

---

[1]) R. Meyer, Bemerkungen zu den hebräischen Aussprachetraditionen von Chirbet Qumran (ZAW. 70 [1958], 39—48).

[2]) Vgl. Ya'qūb al-Qirqisānī, a.a.O.

lisation fakultativ. Das Lautbild kann also auch hier wieder nur unter Kombination von Vokalbuchstaben und supralinearer Punktation erschlossen werden, und Vokallängen sowie Verdoppelung von Konsonanten sind ebenfalls nur durch Vergleich zu gewinnen. Auch hinsichtlich der Spirierung von *b g d k p t* sagt diese ausgesprochen altertümliche Punktation nichts aus, doch darf man wohl mit ziemlicher Sicherheit annehmen, daß Spirierung der Explosivlaute bei den babylonischen Juden vorherrschte (§ 22, 2).

Zur Abrundung des Bildes diene ein Text mit samaritanischer Ausspracheüberlieferung, Gn. 1, 1—8. 14—19. Die Samaritaner verfügen über eine sorgsam gepflegte Ausspracheradition, die durch die Jahrhunderte als mündliche Überlieferung neben dem Konsonantentext herläuft, ohne aus diesem erkennbar zu sein[1]). Vorliegendes Beispiel wurde einem bisher noch nicht veröffentlichten Phonogramm entnommen, das H. Ritter 1917 nach dem Diktat eines samaritanischen Priesters aufnahm und das P. Kahle für das „Hebräische Textbuch" gütigst zur Verfügung gestellt hat[2]). Dabei wurde die Umschrift des Phonogramms derjenigen der „Hebräischen Grammatik" angeglichen; außerdem ist der masoretische Konsonantentext zum Vergleich hinzugesetzt[3]).

Gewiß stellt das samaritanische Hebräisch als Ganzes nicht ohne weiteres einen alten Dialekt dar; ebenso wie das tiberische Hebräisch ist es schließlich einer Normierung unterworfen worden. Gleichwohl enthält es eine Fülle altertümlicher Elemente, von denen hier beispielsweise genannt seien: der — allerdings jetzt erstarrte — Pänultima-Akzent,

---

[1]) P. Kahle, Zur Aussprache des Hebräischen bei den Samaritanern (Opera Minora [Leiden 1956], 180—185).

[2]) Das gesamte Material an samaritanischen Phonogrammen, das von H. Ritter und A. Schaade († 1952) hergestellt und durch A. Murtonen kritisch überarbeitet worden ist, wird von P. Kahle, The Cairo Geniza², 153—157, vorgelegt.

[3]) Die sam. Abweichungen sind im Kommentar vermerkt.

der sowohl aus den Texten von Chirbet Qumran wie aus der älteren babylonischen Vokalisation noch hervorgeht; die Schwäche der Laryngale, die vielfach dem Lautstand der Sekunda sowie der palästinischen und babylonischen Sprachform entspricht; Rudimente eines alten Präsens-Futur, wie sie auch noch in den Qumran-Funden begegnen, und schließlich Endungen, die ebenfalls in Qumran Entsprechungen haben. Außerdem aber gibt die samaritanische Tradition eine ausgezeichnete Vorstellung von den Veränderungen, die einzelne Wörter und Silben unter dem Einfluß einer bestimmten Akzentlage oder auch im Rahmen einzelner Sprechtakte erfahren können.

Über die genannten Ausspracheformen hinaus vermitteln die Handschriftenfunde von Qumran weitere, bisher ungeahnte Einblicke in die Geschichte des Hebräischen. In Qumran liegt eine Form des Hebräischen vor, die man gewiß als Spätstufe bezeichnen muß, insofern als hier die verschiedensten Dialektbildungen unausgeglichen nebeneinander stehen[1]). Aber zugleich enthalten diese Texte eine Fülle von Altertümlichkeiten syntaktischer und morphologischer Art, die nicht nur manche vor- und außertiberische Bildungen historisch verstehen lehren, sondern teilweise auch in jener Zeit verankert sein müssen, in der das Kanaanäisch-Hebräische eine lebendige Umgangssprache (§ 5, 2—5) darstellte. Ein Teil der Handschriften zeichnet sich dadurch aus, daß die seit dem 10. Jh. v. Chr. zu belegende lineare Vokalisation durch Vokalbuchstaben stark ausgeprägt ist. Freilich gilt auch hier, daß ihre Anwendung ganz dem Ermessen des einzelnen Schreibers unterliegt. Um ein zusammenhängendes Bild von der Eigenart dieser Handschriften zu geben, enthält das „Hebräische Textbuch“ fünf

[1]) R. Meyer, Das Problem der Dialektmischung in den hebräischen Texten von Chirbet Qumran (VT. 7 [1957], 139—148); M. H. Goshen-Gottstein, Die Qumran-Höhlen und die hebr. Sprachwissenschaft (Revue de Qumran 1 [Paris 1958], 103—112).

ausgewählte **vormasoretische biblische und außerbiblische Texte.** Das erste Beispiel, eine Probe aus der ersten Jesaja-Rolle von Qumran, Jes. 43, 1—7, ist M. Burrows, The Dead Sea Scrolls of St. Mark's Monastery I (1950), Tafel XXXVI, entnommen. Während die im vorhergehenden Kapitel behandelten Ausspracheformen insgesamt auf dem zu Beginn des 1. Jhs. n. Chr. festgelegten Normaltext des Kanons fußen[1]), zeigt diese Textprobe, daß von einer normativen Vereinheitlichung des Konsonantentextes noch keine Rede sein kann. Im Kommentar wird daher nicht nur die Vokalisation, sondern auch der vormasoretische Charakter des Konsonantentextes berücksichtigt.

Wie man in Qumran weder einen dogmatisch abgegrenzten Kanon noch einen normativ festgelegten Text kennt, so weiß man auch noch nichts von einer heiligen Sprache, die ausschließlich der „Schrift" eigen ist. Dies wird deutlich an den weiteren Textproben, die bisher unbekannten Werken des Judentums entstammen. Das Danklied aus Qumran, 1 QH 2, 20—30, wurde wiedergegeben nach E. L. Sukenik, The Dead Sea Scrolls of the Hebrew University (1955), Tafel 36. Die Textprobe: Aus dem Buche der Geheimnisse, 1QMyst Fr. I 1,3—11, ist D. Barthélemy-J. T. Milik, Discoveries in the Judaean Desert I: Qumran Cave I (1955), S. 103, entnommen. Für das nächste Beispiel, Aus der Ordensregel von Qumran, 1QS 3, 17—25, bildet M. Burrows, a. a. O. II, 2 (1951), Tafel III, die Grundlage, während der letzte Text, Aus der Gemeindeordnung von Qumran, 1 Q Sa 1, 1—11, nach D. Barthélemy-J. T. Milik, a.a.O., S. 109, geboten wird. Im jeweils beigegebenen Kommentar ist neben der Erklärung der einzelnen Formen besonderer Wert auf die Behandlung der syntaktischen Eigentümlichkeiten dieser interessanten Texte Wert gelegt.

---

[1]) Von den geringfügigen Abweichungen der sam. Überlieferung kann hier abgesehen werden; vgl. auch S. 11, Anm. 3.

Abschließend enthält das „Hebräische Textbuch" einige **nichtliterarische Texte.** Ausgewählt wurden die Siloah-Inschrift von Jerusalem, die um 700 v. Chr. abgefaßt worden ist, und zwei Ostraka aus der alten judäischen Festung Lachis, die etwa ein Jahrhundert jünger sind; und zwar ein Brief an den Kommandanten von Lachis, dessen Absender nicht genannt ist, sowie eine Meldung Hoschajahus an seinen Vorgesetzten in Lachis. Alle drei Texte sind zuletzt abgedruckt von K. Galling, Textbuch zur Geschichte Israels (1950), S. 59; 63f. Den Beschluß bildet ein Brief des Simon ben Koseba, der ungefähr aus dem Jahre 135 n. Chr. stammt und im Wadi Murabbaʿāt, dem Hauptquartier des Zelotenführers, gefunden worden ist. Dieser Brief wurde zuerst von J. T. Milik, Revue Biblique 60 (1953), S. 276—294 und Tafel XIV, veröffentlicht und ist hiernach wiedergegeben.

TEXTTEIL

I. Übungstexte

1. Aus der Paradieseserzählung

2, 4b [1-]בְּיוֹם עֲשׂוֹת [2]יְהוָֹה אֱלֹהִים [3]אֶרֶץ וְשָׁמָיִם[-1] ׃
5 [4-]וְכֹל שִׂיחַ הַשָּׂדֶה טֶרֶם [5]יִֽהְיֶה בָאָרֶץ וְכָל־עֵשֶׂב
הַשָּׂדֶה [6]טֶרֶם [7]יִצְמָח כִּי לֹא [8]הִמְטִיר יְהוָֹה אֱלֹהִים
עַל־הָאָרֶץ [9-]וְאָדָם אַיִן[-9] [10]לַעֲבֹד אֶת־הָאֲדָמָה ׃
6 וְאֵד [11]יַעֲלֶה מִן־הָאָרֶץ [12]וְהִשְׁקָה [13]אֶת־כָּל־פְּנֵי הָאֲדָמָה[-4] ׃
7 [14]וַיִּיצֶר יְהוָֹה אֱלֹהִים [15]אֶת־הָאָדָם [16]עָפָר מִן־הָאֲדָמָה
[17]וַיִּפַּח בְּאַפָּיו [18-]נִשְׁמַת חַיִּים[-18] [19]וַיְהִי הָאָדָם
8 [20-]לְנֶפֶשׁ חַיָּה[-20] ׃ [21]וַיִּטַּע יְהוָֹה אֱלֹהִים [22]גַּן־בְּעֵדֶן
[23]מִקֶּדֶם [24]וַיָּשֶׂם שָׁם אֶת־הָאָדָם אֲשֶׁר [25]יָצָר ׃
9 [26]וַיַּצְמַח יְהוָֹה אֱלֹהִים מִן־הָאֲדָמָה כָּל־עֵץ [27]נֶחְמָד
[28]לְמַרְאֶה וְטוֹב לְמַאֲכָל וְעֵץ הַחַיִּים בְּתוֹךְ הַגָּן וְעֵץ
15 [29]הַדַּעַת [30]טוֹב [30a]וָרָע ׃ [31]וַיִּקַּח יְהוָֹה אֱלֹהִים אֶת־הָאָדָם

Gn. 2, 4b—3, 24: [1–1] Zum Gen. Verhältnis zwischen Nomen und Inf. und dessen gleichzeitiger verbaler Rektionskraft vgl. §§ 102, 2; 105, 1b. — [2] Zum Gottesnamen s. § 17, 2. — [3] Der Artikel fehlt nach § 105, 1b in der älteren Sprache vielfach. — [4–4] Parenthese, die den Erzählungszusammenhang unterbricht. — [5] Wz. היה; zum Meteg vgl. § 16, 2a. — [6] טֶרֶם „noch nicht" hat stets das Imperf. nach sich; § 100, 2b. — [7] P.-Form; § 75, 2. — [8] Das Hi. ist denominiert von מָטָר „Regen". — [9–9] Nominalsatz nach § 90, 4. — [10] Finaler Inf.; § 102, 4a. — [11] Wz. עלה; § 82, 2a. Das Imperf. hat hier schildernden Charakter; § 100, 2d. — [12] Wz. שקה; § 82, 5. Zum Perf. bei Schilderungen vgl. § 101, 1; ähnlich C. Brockelmann, Hebr. Syntax (1956), § 135d, anders z. B. Kautzsch, § 112c. — [13] Zur Akk.-Partikel vgl. § 105, 1b. —

mit Umschrift

1. Aus der Paradieseserzählung

Bᵉi̯ōm ʿᵃśōṯ I̯ahu̯ǣ ʾᵃᵉlōhīm ʾǽræṣ u̯ᵉšåmå̆i̯im :
u̯ᵉḵol śīᵃḥ haśśåḏǣ ṭǽræm i̯ihi̯ǣ bå'å̆ræṣ u̯ᵉḵål-ʿéśæḇ
haśśåḏǣ ṭǽræm i̯iṣmåḥ / kī lō himṭīr I̯ahu̯ǣ ʾᵃᵉlōhīm
ʿal - hå'å̆ræṣ u̯ᵉ'åḏåm ʾái̯in laʿᵃḇoḏ ʾæṯ - hå'ᵃḏåmå :
u̯ᵉ'ēḏ i̯aʿᵃlǣ min-hå'å̆ræṣ u̯ᵉhišqå ʾæṯ-kål-pᵉnē hå'ᵃḏåmå :
u̯ai̯i̯íṣær I̯ahu̯ǣ ʾᵃᵉlōhīm ʾæṯ-hå'åḏåm ʿåfår min-hå'ᵃḏåmå
u̯ai̯i̯ippaḥ bᵉ'appāu̯ nišmaṯ ḥai̯i̯īm / u̯ai̯hī hå'åḏåm
lᵉnǽfæš ḥai̯i̯å : u̯ai̯i̯iṭṭaʿ I̯ahu̯ǣ ʾᵃᵉlōhīm gan-bᵉʿéḏæn
miqqǽdæm / u̯ai̯i̯å̆śæm šåm ʾæṯ-hå'åḏåm ʾᵃšær i̯åṣår :
u̯ai̯i̯aṣmaḥ I̯ahu̯ǣ ʾᵃᵉlōhīm min-hå'ᵃḏåmå kål-ʿēṣ næḥmåḏ
lᵉmar'ǣ u̯ᵉṭōḇ lᵉma'ᵃḵål / u̯ᵉʿēṣ haḥai̯i̯īm bᵉṯōḵ haggån u̯ᵉʿēṣ
haddáʿaṯ ṭōḇ u̯åråʿ : u̯ai̯i̯iqqaḥ I̯ahu̯ǣ ʾᵃᵉlōhīm ʾæṯ-hå'åḏåm /

---

[14] Wz. יצר; § 78, 3c. Mit וַיִּיצֶר wird der Erzählungsfaden von v. 4b wieder aufgenommen. — [15] Zum Kollektivbegriff vgl. § 43, 5. — [16] Adv.Akk. nach § 106, 1: „aus Staub“. — [17] Wz. נפח; § 76, 3a. — [18–18] „Lebensodem“. — [19] Zur Form s. § 28, 3b. — [20–20] נֶפֶשׁ חַיָּה „Lebewesen“. — [21] Wz. נטע; § 76, 3a. — [22] Anders v. 15: בְּגַן עֵדֶן. — [23] Zu מִן vgl. § 87, 3a: „im Osten“. — [24] Wz. שׂים; § 80, 6a. — [25] P.-Form; § 68, 2f. Zur Zeitstufe vgl. § 101, 3c. — [26] Zum Hi. s. § 75, 3a. — [27] S. § 104, 1b. — [28] Nomina actionis nach § 40,4a; zur Übersetzung „begehrenswert anzusehen und gut zu essen“ vgl. § 104, 1b. — [29] Wz. ידע; § 78, 2a. 3a. — [30] Akk.-Objekt nach Inf. mit verbaler Rektionskraft; § 102, 1a. — [30a] Vgl. § 88, 1. — [31] Wz. לקח; § 76, 3a. —

[32]וַיַּנִּחֵהוּ [33]בְגַן־עֵדֶן [34]–לְעָבְדָהּ וּלְשָׁמְרָהּ–[34] ׃
16 [35]וַיְצַו יְהוָה אֱלֹהִים עַל־הָאָדָם [36]לֵאמֹר מִכֹּל
17 עֵץ־הַגָּן [37]אָכֹל [38]תֹּאכֵל ׃ וּמֵעֵץ הַדַּעַת טוֹב וָרָע לֹא
תֹאכַל [39]מִמֶּנּוּ כִּי [40]בְּיוֹם [41]אֲכָלְךָ מִמֶּנּוּ [37]מוֹת
18 [42]תָּמוּת ׃ [43]וַיֹּאמֶר יְהוָה אֱלֹהִים לֹא־טוֹב [44]הֱיוֹת הָאָדָם
19 לְבַדּוֹ אֶעֱשֶׂה־[45]לּוֹ עֵזֶר [46]כְּנֶגְדּוֹ ׃ [47]וַיִּצֶר יְהוָה
אֱלֹהִים מִן־הָאֲדָמָה [48]כָּל־חַיַּת הַשָּׂדֶה וְאֵת כָּל־עוֹף
הַשָּׁמַיִם [49]וַיָּבֵא אֶל־הָאָדָם [50]לִרְאוֹת [51]מַה־יִּקְרָא־לוֹ וְכֹל
20 אֲשֶׁר יִקְרָא־לוֹ הָאָדָם [52]הוּא שְׁמוֹ׃ [53]וַיִּקְרָא הָאָדָם שֵׁמוֹת
לְכָל־הַבְּהֵמָה וּלְעוֹף הַשָּׁמַיִם וּלְכֹל חַיַּת
21 הַשָּׂדֶה [54]וּלְאָדָם [55]לֹא־מָצָא עֵזֶר [46]כְּנֶגְדּוֹ ׃ [56]וַיַּפֵּל
יְהוָה אֱלֹהִים תַּרְדֵּמָה עַל־הָאָדָם
[57]וַיִּישָׁן וַיִּקַּח אַחַת [58]מִצַּלְעֹתָיו וַיִּסְגֹּר בָּשָׂר
22 [59]תַּחְתֶּנָּה ׃ [60]וַיִּבֶן יְהוָה אֱלֹהִים אֶת־הַצֵּלָע אֲשֶׁר־
[61]לָקַח מִן־הָאָדָם [62]לְאִשָּׁה [63]וַיְבִאֶהָ אֶל־הָאָדָם ׃
23 [43]וַיֹּאמֶר הָאָדָם זֹאת [64]הַפַּעַם עֶצֶם מֵעֲצָמַי
וּבָשָׂר מִבְּשָׂרִי [65]–לְזֹאת יִקָּרֵא אִשָּׁה–[65] [66]כִּי מֵאִישׁ
24 [67]לֻקֳחָה־[68]זֹּאת׃ עַל־כֵּן [69]יַעֲזָב־אִישׁ אֶת־אָבִיו וְאֶת־אִמּוֹ

---

[32] Wz. נוח; § 80, 8. — [33] Vgl. Anm. 22. — [34–34] Zum finalen Inf. s. § 102, 4a; zum Suffix vgl. Tab. XXIV. — [35] Wz. צוה; § 82, 4a. — [36] S. §§ 77, 1d; 87, 2c. — [37] Zum Inf. abs. vgl. § 103, 4b. — [38] P.-Form; § 77, 1a. — [39] Zur Form vgl. § 87, 3a. — [40] Dagesch lene nach Rebia'; § 15, 2a (7). Zur Satzkonstruktion: „am Tage, da ..., wirst du ..." vgl. § 102, 5a. — [41] Form nach § 84, 6a. — [42] Vgl. § 80, 3a. — [43] S. § 77, 1c. — [44] Zur Form s. § 82, 2h; zur Syntax vgl. § 102, 2. — [45] Dagesch forte conjunctivum; § 14, 2b. — [46] Wörtlich: „wie ihm gegenüber" = „ihm entsprechend". — [47] Defektiv geschrieben; vgl. Anm. 14. — [48] Zum Dagesch lene s. Anm. 40; der sam. Pentateuch liest את כל. — [49] Wz. בוא; § 83, 6. — [50] Vgl. § 82, 2h; Finaler Inf. nach § 102, 4a. — [51] S. § 31, 2b. — [52] MT. enthält den synt. schwierigen Zusatz נֶפֶשׁ

u̯aii̯annīḥéhū ḇᵉḡan-ʿédæn lᵉʿåḇdåh ūlᵉšåmråh: u̯ai̯ṣau̯ I̯ahu̯æ̊ ʾᵃᵉlōhīm ʿal-hå'ådåm lēmor / mikkol ʿēṣ-haggån ʾåk̲ōl tōk̲ēl: ūmēʿēṣ haddáʿat̲ ṭōḇ u̯årå ʿ lō tōk̲al mimmǽnnū / kī bᵉi̯ōm ʾᵃk̲ålk̲å mimmǽnnū mōt̲ tåmūt̲: u̯aii̯ómær I̯ahu̯æ̊ ʾᵃᵉlōhīm lō-ṭōḇ hᵃᵉi̯ōt̲ hå'åd̲åm lᵉḇaddō / ʾæʿᵃᵉśæ-llō ʿézær kᵉnæḡdō: u̯aii̯íṣær I̯ahu̯æ̊ ʾᵃᵉlōhīm min-hå'ᵃd̲åmå kål-ḥai̯i̯at̲ haśśåd̲æ̊ u̯ᵉʾet̲ kål-ʿōf haššåmái̯im u̯aii̯åḇē ʾæl-hå'åd̲åm lirʾōt̲ ma-i̯i̯iqrå-lō / u̯ᵉk̲ol ʾᵃšær i̯iqrå-lō hå'åd̲åm hū šᵉmō: u̯aii̯iqrå hå'åd̲åm šēmōt̲ lᵉk̲ål-habbᵉhēmå ūlᵉʿōf haššåmái̯im ūlᵉk̲ol ḥai̯i̯at̲ haśśåd̲æ̊ / ūlᵉʾåd̲åm lō-måṣå ʿézær kᵉnæḡdō: u̯aii̯appel I̯ahu̯æ̊ ʾᵃᵉlōhīm tardēmå ʿal-hå'åd̲åm u̯aii̯išån / u̯aii̯iqqaḥ ʾaḥat̲ miṣṣalʿōt̲åu̯ u̯aii̯isgor båśår taḥtǽnnå: u̯aii̯íḇæn I̯ahu̯æ̊ ʾᵃᵉlōhīm ʾæt̲-haṣṣēlåʿ ʾᵃšær låqaḥ min-hå'åd̲åm lᵉʾiššå / u̯ai̯ḇīʾǽhå ʾæl-hå'åd̲åm: u̯aii̯ómær hå'åd̲åm zōt̲ happáʿam ʿǽṣæm mēʿᵃṣåmai̯ ūḇåśår mibbᵉśårī / lᵉzōt̲ i̯iqqårē ʾiššå kī mēʾīš luqqᵒḥå-zzōt̲: ʿal-kēn i̯aʿᵃzåḇ-ʾīš ʾæt̲-ʾåḇīu̯ u̯ᵉæt̲-ʾimmō /

חַיָּה „Lebewesen". — [53] Vgl. § 82, 2a. — [54] Nach der tib. Vokalisation: „und für Adam"; dem Zusammenhang entspricht besser *וְלָאָדָם *u̯ᵉlå'ådåm* „und für den Menschen". — [55] Als Subjekt ist *I̯ahu̯æ̊ ʾᵃᵉlōhīm* zu ergänzen; synt. einfacher wäre die Annahme eines alten Pass.Qal, tib. **lō-muṣṣå*; vgl. § 68, 3. — [56] Wz. נפל; § 76, 2a. — [57] Wz. ישׁן; § 78, 2b. 3b. — [58] Vgl. § 87, 3a. — [59] Zur Form vgl. § 87, 3g: „statt ihrer". — [60] Wz. בנה; § 82, 2c. — [61] Plusquamperf. nach § 101, 3c. — [62] Vgl. § 107, 2d. — [63] Form nach § 85, 8e. — [64] Adv.: „endlich". — [65–65] Zur Pass.-Konstruktion „diese soll ‚Männin' genannt werden" vgl. § 109. 1b. — [66] Dagesch lene nach Klein-Zaqef; § 15, 2a (5). — [67] Pass. Qal nach §§ 68, 3b; 13, 5. — [68] Dagesch forte conjunctivum; § 14, 2b. — [69] Vgl. § 21, 3a. —

25 וְדָבַק בְּאִשְׁתּוֹ [70]וְהָיוּ לְבָשָׂר אֶחָד ׃ [71]וַיִּֽהְיוּ שְׁנֵיהֶם
3, 1 [72]עֲרוּמִּים [73–]הָֽאָדָם וְאִשְׁתּוֹ[–73] וְלֹא [74]יִתְבֹּשָׁשׁוּ ׃ וְהַנָּחָשׁ
הָיָה עָרוּם [75]מִכֹּל חַיַּת הַשָּׂדֶה אֲשֶׁר [76]עָשָׂה יְהוָֹה
אֱלֹהִים וַיֹּאמֶר אֶל־הָאִשָּׁה [77–]אַף כִּי־אָמַר[–77] אֱלֹהִים לֹא
2 תֹאכְלוּ מִכֹּל עֵץ הַגָּן ׃ וַתֹּאמֶר הָאִשָּׁה אֶל־הַנָּחָשׁ
3 מִפְּרִי עֵץ הַגָּן [78]נֹאכֵל ׃ [79–]וּמִפְּרִי הָעֵץ אֲשֶׁר בְּתוֹךְ
הַגָּן אָמַר אֱלֹהִים לֹא תֹאכְלוּ מִמֶּנּוּ וְלֹא תִגְּעוּ
4 [80]בּוֹ[–79] [81]פֶּן־[82]תְּמֻתוּן ׃ וַיֹּאמֶר הַנָּחָשׁ אֶל הָאִשָּׁה [83]לֹא־מוֹת
5 תְּמֻתוּן ׃ כִּי יֹדֵעַ אֱלֹהִים כִּי [84–]בְּיוֹם אֲכָלְכֶם[–84] מִמֶּנּוּ
[85]וְנִפְקְחוּ עֵינֵיכֶם [85]וִהְיִיתֶם [86]כֵּאלֹהִים [87]יֹדְעֵי טוֹב וָרָע ׃
6 [88]וַתֵּרֶא הָאִשָּׁה [89]כִּי טוֹב הָעֵץ [90]לְמַאֲכָל וְכִי [91]תַאֲוָה־הוּא
לָעֵינַיִם וְנֶחְמָד הָעֵץ לְהַשְׂכִּיל [92]וַתִּקַּח [93]מִפִּרְיוֹ
וַתֹּאכַל וַתִּתֵּן גַּם־לְאִישָׁהּ עִמָּהּ [94]וַיֹּאכַל ׃
7 [95]וַתִּפָּקַחְנָה עֵינֵי [96]שְׁנֵיהֶם [97]וַיֵּדְעוּ [98]כִּי [99]עֵירֻמִּם
הֵם וַיִּתְפְּרוּ [100]עֲלֵה תְאֵנָה וַיַּעֲשׂוּ [101]לָהֶם חֲגֹרֹת ׃
8 וַיִּשְׁמְעוּ אֶת־קוֹל יְהוָֹה אֱלֹהִים [102]מִתְהַלֵּךְ בַּגָּן
לְרוּחַ הַיּוֹם [103]וַיִּתְחַבֵּא הָאָדָם וְאִשְׁתּוֹ מִפְּנֵי
9 יְהוָֹה אֱלֹהִים בְּתוֹךְ עֵץ הַגָּן ׃ וַיִּקְרָא יְהוָֹה אֱלֹהִים
10 אֶל־הָאָדָם וַיֹּאמֶר לוֹ [104]אַיֶּכָּה ׃ וַיֹּאמֶר

---

[70] Perf. cons. nach § 101, 6a: „so daß . . .". — [71] Zum Meteg s. § 16, 2a. — [72] Sg. *ʿårōm*, Nebenform zu *ʿērōm*; vgl. Anm. 99; Pl. mit sekundärer Gemination nach § 28, 3b. — [73–73] Vgl. § 98, 2. — [74] P.-Form nach § 80, 5a. — [75] Vgl. § 98, 3a. — [76] Vgl. § 101, 3c. — [77–77] „sollte . . . etwa gesagt haben?"; vgl. § 101, 5. — [78] Vgl. Anm. 38. — [79–79] Zusammengesetzter Satz nach § 92, 4b mit Parenthese „sagte Gott"; vgl. hierzu C. Brockelmann, Hebr. Syntax, § 175. — [80] Dagesch lene nach Ṭifḥa; § 15, 2a (8). — [81] Negierter Finalsatz; § 117, 2b. — [82] Rudimentärer Ind.; § 63, 5a. — [83] Vgl. § 103, 4b. — [84–84] Vgl. Anm. 40f. — [85] Perf. cons. nach § 101, 6a; mit *u̯ᵉnifqᵉḥū* beginnt der Hauptsatz. — [86] Zur Laryngalelision vgl. § 22, 3a. — [87] No-

u̯edåb̲aq be'ištō u̯ehåi̯ū lebåśår 'æḥåd̲ : u̯ai̯i̯ihi̯ū šenēhæm 'arummīm hå'åd̲åm u̯e'ištō / u̯elō i̯it̲bōšåšū : u̯ehannåḥåš håi̯å 'årūm mikkol ḥai̯i̯at̲ haśśåd̲æ 'ašær 'åśå I̯ahu̯æ 'aelōhīm / u̯ai̯i̯ómær 'æl-hå'iššå 'af kī-'åmār 'aelōhīm lō tōk̲elū mikkol 'ēṣ haggån : u̯attómær hå'iššå 'æl-hannåḥåš / mipperī 'ēṣ-haggån nōk̲ēl : ūmipperī hå'ēṣ 'ašær bet̲ōk̲ haggån 'åmar 'aelōhīm lō t̲ōk̲elū mimmǽnnū u̯elō t̲igge'ū bō/paen-temūt̲ūn : u̯ai̯i̯ómær hannåḥåš 'æl-hå'iššå / lō-mōt̲ temūt̲ūn : kī i̯ōd̲éa' 'aelōhīm kī bei̯ōm 'ak̲ålk̲æm mimmǽnnū u̯enifqeḥū 'ēnēk̲æm / u̯ihi̯it̲æm kēlōhīm i̯ōd̲e'ē ṭōb̲ u̯årå' : u̯attéræ hå'iššå kī ṭōb̲ hå'ēṣ lema'ak̲ål u̯ek̲ī t̲a'au̯å-hū lå'ēnái̯im u̯enæḥmåd̲ hā'ēṣ lehaśkīl u̯attiqqaḥ mippiri̯ō u̯attōk̲al u̯attitten gam-le'īšåh 'immåh u̯ai̯i̯ōk̲al : u̯attippåqáḥnå 'ēnē šenēhæm u̯ai̯i̯ēd̲e'ū ki 'ērummīm hēm / u̯ai̯i̯it̲perū 'alē t̲e'ēnå u̯ai̯i̯a'aśū låhæm ḥag̲ōrōt̲ : u̯ai̯i̯išme'ū 'æt̲-qōl I̯ahu̯æ 'aelōhīm mit̲hallek̲ baggån lerúaḥ hai̯i̯ōm / u̯ai̯i̯it̲ḥabbē hå'åd̲åm u̯e'ištō mippenē I̯ahu̯æ 'aelōhīm bet̲ōk̲ 'ēṣ haggån : u̯ai̯i̯iqrå I̯ahu̯æ 'aelōhīm 'æl-hå'åd̲åm u̯ai̯i̯ómær lō 'ai̯i̯ǽkkå: u̯ai̯i̯ómær

---

minale Rektion des Part. nach § 104, 1a. — 88 Wz. ראה; § 82, 2c. — 89 Dagesch lene nach Pazer; § 15, 2a (15). — 90 Zur Form vgl. § 40, 4a. — 91 Vgl. § 40, 7a. — 92 Wz. לקח; § 76, 1. 3a. — 93 Vgl. § 52, 4b. — 94 P.-Form; § 77, 1c. — 95 Beginn eines neuen Hauptsatzes nach § 100, 3b. — 96 Vgl. § 59, 1. — 97 Vgl. § 78, 3a; zum Meteg s. § 16, 2a. — 98 Dagesch lene nach Klein-Zaqef; § 15, 2a (5). — 99 Sg. *'ērōm*; Pl. nach § 28, 3b. Vgl. auch die Nebenform *'årōm* in Gn. 2, 25. — 100 St. cstr. nach § 53, 1. — 101 Refl.-Pronomen nach § 110, 2a. — 102 Prädikativ gebrauchtes Part.: „wie er sich erging" nach Verben des Wahrnehmens; vgl. § 104, 2a und C. Brockelmann, Hebr. Syntax, § 103, 3a. — 103 Zum Sg. s. § 94, 7b. — 104 S. § 31, 2c. —

אֶת־קֹלְךָ שָׁמַעְתִּי בַּגָּן [105]וָאִירָא [106]כִּי־עֵירֹם אָנֹכִי
11 [107]וָאֵחָבֵא ׃ וַיֹּאמֶר מִי [108]הִגִּיד לְךָ [109]כִּי עֵירֹם אָתָּה
[110]הֲמִן־הָעֵץ [111]אֲשֶׁר [112]צִוִּיתִיךָ [113]לְבִלְתִּי אֲכָל־מִמֶּנּוּ
12 [114]אָכָלְתָּ ׃ וַיֹּאמֶר הָאָדָם [115]–הָאִשָּׁה אֲשֶׁר נָתַתָּה [116]עִמָּדִי
13 [117]הִוא נָתְנָה־לִּי מִן־הָעֵץ–[115] [118]וָאֹכֵל ׃ וַיֹּאמֶר יְהוָֹה אֱלֹהִים
לָאִשָּׁה [119]מַה־זֹּאת עָשִׂית וַתֹּאמֶר הָאִשָּׁה [120]הַנָּחָשׁ הִשִּׁיאַנִי
14 [118]וָאֹכֵל ׃ וַיֹּאמֶר יְהוָֹה אֱלֹהִים אֶל־הַנָּחָשׁ כִּי עָשִׂיתָ
[121]זֹּאת אָרוּר אַתָּה [122]מִכָּל־הַבְּהֵמָה [122]וּמִכֹּל חַיַּת
הַשָּׂדֶה עַל־גְּחֹנְךָ [123]תֵלֵךְ וְעָפָר [123]תֹּאכַל כָּל־יְמֵי
15 חַיֶּיךָ ׃ [124]וְאֵיבָה אָשִׁית בֵּינְךָ וּבֵין הָאִשָּׁה וּבֵין זַרְעֲךָ
וּבֵין זַרְעָהּ הוּא [125]יְשׁוּפְךָ [126]רֹאשׁ וְאַתָּה [127]תְּשׁוּפֶנּוּ [126]עָקֵב ׃
16 אֶל־הָאִשָּׁה אָמַר [128]הַרְבָּה אַרְבֶּה [129]עִצְּבוֹנֵךְ וְהֵרֹנֵךְ
בְּעֶצֶב [130]תֵּלְדִי בָנִים וְאֶל־אִישֵׁךְ תְּשׁוּקָתֵךְ וְהוּא
17 [131]יִמְשָׁל־בָּךְ ׃ [132]וּלְאָדָם אָמַר [133]כִּי שָׁמַעְתָּ לְקוֹל אִשְׁתֶּךָ
וַתֹּאכַל מִן־הָעֵץ אֲשֶׁר צִוִּיתִיךָ [134]לֵאמֹר [135]לֹא תֹאכַל
מִמֶּנּוּ [136]אֲרוּרָה הָאֲדָמָה בַּעֲבוּרֶךָ [137]בְּעִצָּבוֹן
18 [138]תֹּאכֲלֶנָּה [137]כֹּל יְמֵי חַיֶּיךָ ׃ וְקוֹץ וְדַרְדַּר תַּצְמִיחַ
19 לָךְ [139]וְאָכַלְתָּ אֶת־עֵשֶׂב הַשָּׂדֶה ׃ בְּזֵעַת אַפֶּיךָ [140]תֹּאכַל

---

[105] Wz. ירא; § 78,3 b. — [106] Dagesch lene nach Tebir; § 15, 2a (12). — [107] Zum Ni. der Wz. חבא (§ 73, 3a) vgl. das Hitp. in v. 8 mit gleicher Refl.-Funktion; § 110, 1. — [108] Wz. נגד; § 76, 2a. — [109] Dagesch lene nach Klein-Zaqef; § 15, 2a (5). — [110] Zur Fragepartikel s. §§ 86, 3a; 111, 1a. — [111] Zum folgenden Attributsatz vgl. § 115, 4b. c; ferner C. Brockelmann, Hebr. Syntax, § 152c. — [112] Wz. צוה; §§ 82, 4a; 85, 7. — [113] Vgl. § 117, 2c. — [114] P.-Form; § 68, 2f. — [115–115] Zusammengesetzter Nominalsatz nach § 92, 4b. — [116] Zur Form vgl. § 87, 3c. — [117] Zu f. הוא für היא vgl. § 17, 2. AF. kennt, wie die sam. Überlieferung, dieses Ketib noch nicht; vgl. 1 Q Lv. 20, 21. — [118] P.-Form des Imperf. cons.; § 77, 1c. — [119] Adv.: „warum?"; zum folgenden Dagesch forte vgl. § 31, 2b. — [120] Betontes Subjekt nach § 91, 2. — [121] Dagesch forte nach § 14, 2b. — [122] Komparativ:

'æṯ-qōl^{e}ḵå šåmá'tī baggån / u̯å'īrå kī-'ērōm 'ånōḵī u̯å'ēḥåḇē : u̯ai̯i̯ómær mī higgīḏ l^{e}ḵå kī 'ērōm 'åttå / h^{a}min-hå'ēṣ '^{a}šær ṣiu̯u̯īṯīḵå l^{e}ḇiltī '^{a}ḵål-mimmǽnnū 'åḵåltå : u̯ai̯i̯ómær hå'åḏåm / hå'iššå '^{a}šær nåṯáttå 'immåḏī hī nåṯ^{e}nå-llī min-hå'ēṣ u̯å'ōḵēl : u̯ai̯i̯ómær Iahu̯æ '^{ae}lōhīm lå'iššå ma-zzōṯ 'åśīṯ / u̯attómær hå'iššå hannåḥåš hiššī'ánī u̯å'ōḵēl : u̯ai̯i̯ómær Iahu̯æ '^{ae}lōhīm 'æl-hannåḥåš kī 'åśīṯå zzōṯ 'årūr 'attå mikkål-habb^{e}hēmå ūmikkol ḥai̯i̯aṯ haśśåḏæ 'al-g^{e}ḥōn^{e}ḵå ṯēlēḵ u̯^{e}'åfår tōḵal kål-i̯^{e}mē ḥai̯i̯ǽḵå : u̯^{e}'ēḇå 'åšīṯ bēn^{e}ḵå ūḇēn hå'iššå ūḇēn zar'^{a}ḵå ūḇēn zar'åh / hū i̯^{e}šūf^{e}ḵå rōš u̯^{e}'attå t^{e}šūfǽnnū 'åqēḇ : 'æl-hå'iššå 'åmar harbå 'arbæ 'iṣṣ^{e}ḇōnēḵ u̯^{e}hērōnēḵ b^{e}'ǽṣæḇ tēl^{e}ḏī ḇånīm / u̯^{e}'æl-'īšēḵ t^{e}šūqåṯēḵ u̯^{e}hū i̯imšål-båḵ : ūl^{e}'åḏåm 'åmar kī šåmá'tå l^{e}qōl 'ištǽḵå u̯attōḵal min-hå'ēṣ '^{a}šær ṣiu̯u̯īṯīḵå lēmor lō tōḵal mimmǽnnū / '^{a}rūrå hå'^{a}ḏåmå ba'^{a}ḇūrǽḵå b^{e}'iṣṣåḇōn tōḵ^{a}lǽnnå kol i̯^{e}mē ḥai̯i̯ǽḵå : u̯^{e}qōṣ u̯^{e}ḏardar taṣmī^{a}ḥ låḵ / u̯^{e}'åḵaltå 'æṯ-'éśæḇ haśśåḏæ : b^{e}zē'aṯ 'appǽḵå tōḵal

---

„verflucht seist du vor ...“; § 98, 3a. — [123] Juss.: „du sollst ...“; § 100, 4e. — [124] Betontes Objekt am Satzanfang. — [125] Wz. שוף I: „zermalmen“. — [126] Adv. Akk. der Beziehung; § 106, 2d. — [127] Wz. שוף II: „schnappen“; zum suff. Energ. vgl. § 84, 2d. — [128] Vgl. § 103, 4b. — [129] Dagesch forte dirimens nach § 14, 2b. — [130] Wz. ילד; § 78, 3a. — [131] Vgl. § 16, 1. — [132] Hierfür besser gegen die tib. Vokalisation *וְלָאָדָם; vgl. Anm. 54. — [133] כִּי, ursprünglich eine Demonstrativ- und Verstärkungspartikel, fungiert hier als kausale Konjunktion; § 120, 2a. — [134] S. Anm. 36. — [135] Apodiktisches Verbot nach § 100, 4e. — [136] Anakoluth. — [137] Dagesch lene nach Klein-Zaqef; § 15, 2a (5). — [138] Vgl. § 85, 2. — [139] Perf. cons. nach § 101, 6a; der Ultimadruck ist angedeutet durch Ṭifḥa; §§ 68, 2g; 15, 2a (8). —

לֶחֶם עַד [141]שׁוּבְךָ אֶל־הָאֲדָמָה [142]כִּי מִמֶּנָּה
[143]לֻקָּחְתָּ כִּי־עָפָר אַתָּה וְאֶל־עָפָר תָּשׁוּב ׃
24 וַיְגָרֶשׁ אֶת־הָאָדָם וַיַּשְׁכֵּן מִקֶּדֶם לְגַן־עֵדֶן
אֶת־הַכְּרֻבִים וְאֵת [144]–לַהַט הַחֶרֶב הַמִּתְהַפֶּכֶת–[144]
לִשְׁמֹר אֶת־דֶּרֶךְ עֵץ הַחַיִּים ׃

---

[140] Dagesch lene nach Paschṭa; § 15, 2a (10). — [141] Vgl. hierzu § 102, 5b. — [142] Dagesch lene nach Klein-Zaqef; § 15, 2a (5). — [143] P.-Form im Pass. Qal; § 68, 3b. — [144–144] Wörtlich: „Die

læḥæm ʿaḏ šūḇekå ʾæl-hå'ªḏåmå kī mimmænnå
luqqåḥtå / kī-ʿåfår ʾattå ṷeʾæl-ʿåfår tåšūḇ :
ṷaı̯ḡåræš ʾæṯ-hå'åḏåm / ṷaı̯ı̯ašken miqqæḏæm leḡan-ʿéḏæn
ʾæṯ-hakkerūḇīm ṷeʾeṯ láhaṭ haḥæræḇ hammiṯhappæḵæṯ
lišmor ʾæṯ-dæræḵ ʿēṣ haḥaı̯ı̯īm :

Flamme des zuckenden Schwertes", im Deutschen entsprechend: „das zuckende Flammenschwert".

2. Jesajas Weinbergslied

5, 1 [1]אָשִׁירָה נָּא [2]לִידִידִי שִׁירַת דּוֹדִי [3]לְכַרְמוֹ
כֶּרֶם הָיָה לִידִידִי [3a]בְּקֶרֶן [4]בֶּן־שָׁמֶן׃
2 וַיְעַזְּקֵהוּ וַיְסַקְּלֵהוּ [5]וַיִּטָּעֵהוּ שֹׂרֵק
[6]וַיִּבֶן מִגְדָּל בְּתוֹכוֹ וְגַם־יֶקֶב חָצֵב בּוֹ
[7]וַיְקַו [8]לַעֲשׂוֹת עֲנָבִים [9]וַיַּעַשׂ בְּאֻשִׁים׃
3 וְעַתָּה [10]יוֹשֵׁב יְרוּשָׁלִַם [10]וְאִישׁ יְהוּדָה
[11]שִׁפְטוּ־נָא [12]בֵּינִי וּבֵין כַּרְמִי׃
4 [13]מַה־לַּעֲשׂוֹת עוֹד לְכַרְמִי וְלֹא [14]עָשִׂיתִי בּוֹ
[15]מַדּוּעַ [16]קִוֵּיתִי לַעֲשׂוֹת עֲנָבִים [15]וַיַּעַשׂ בְּאֻשִׁים׃
5 וְעַתָּה [17]אוֹדִיעָה־נָּא [18]אֶתְכֶם [19]–אֵת אֲשֶׁר־אֲנִי עֹשֶׂה
לְכַרְמִי–[19]
[20]הָסֵר מְשׂוּכָּתוֹ [21]וְהָיָה לְבָעֵר
[20]פָּרֹץ גְּדֵרוֹ וְהָיָה לְמִרְמָס׃
6 [22]וַאֲשִׁיתֵהוּ בָתָה לֹא יִזָּמֵר וְלֹא יֵעָדֵר
[23]וְעָלָה שָׁמִיר וָשָׁיִת
וְעַל הֶעָבִים [24]אֲצַוֶּה מֵהַמְטִיר עָלָיו מָטָר׃

Jes. 5, 1—7: [1]Wz. שׁיר; § 80, 3a. Nach § 63, 5d geht *'åšīrå nnå* wohl auf alten Energ. **'ašīrannā* zurück; 1 Q Jes.[a] bietet nur אשירה. — [2] Die Präposition לְ hat hier die Bedeutung „von, über"; zur Form vgl. § 87, 2c. — [3] Inhaltlich ein Gen. objectivus; § 97, 3f. — [3a] Dagesch lene nach Ṭifḥa; § 15, 2a (8). — [4] Zur Gen.-Verbindung vgl. § 97, 4d. — [5] Wz. נטע; § 76, 3a. Doppeltes Akk.-Objekt nach § 105, 4a. — [6] Wz. בנה; § 82. 2c. — [7] Wz. קוה; § 82, 4a. — [8] Inf.-Konstruktion nach § 102, 4c mit Subjektswechsel: „und er hoffte, daß er Trauben brächte". — [9] Wz. עשׂה; § 82, 2c. Zur Form ויעשה in 1 Q Jes.[a] vgl. § 82, 2e. — [10] יוֹשֵׁב und אִישׁ haben hier kollektive Bedeutung; vgl. § 94, 3c.

2. Jesajas Weinbergslied

ʾÅšīrå nnå līḏīḏī šīraṯ dōḏī lᵉḵarmō /
kǽræm hå̊i̯å līḏīḏī bᵉqǽræn bæn-šåmæn :
u̯ai̯ʿazzᵉqḗhū u̯ai̯saqqᵉlḗhū u̯ai̯i̯iṭṭåʿḗhū śōrḗq
u̯ai̯i̯íḇæn miḡdål bᵉṯōḵō u̯ᵉḡam-i̯ǽqæḇ ḥåṣeḇ bō /
u̯ai̯qau̯ laʿᵃśōṯ ʿᵃnåḇīm u̯ai̯i̯áʿaś bᵉʾūšīm :
u̯ᵉʿattā i̯ōšeḇ I̯ᵉrūsålái̯im u̯ᵉʾīš I̯ᵉhūḏå /
šifṭū-nå bēnī ūḇēn karmī :
ma-llaʿᵃśōṯ ʿōḏ lᵉḵarmī u̯ᵉlō ʿåśíṯī bō /
maddū́aʿ qiu̯u̯ḗṯī laʿᵃśōṯ ʿᵃnåḇīm u̯ai̯i̯áʿaś bᵉʾūšīm :
u̯ᵉʿattå ʾōdíʿå-nnå ʾæṯḵæm ʾeṯ ʾᵃšær-ʾᵃni ʿōśǣ
lᵉḵarmī /
håsēr mᵉśukkåṯō u̯ᵉhåi̯å lᵉḇåʿēr
pårōṣ gᵉḏērō u̯ᵉhåi̯å lᵉmirmås :
u̯aʾᵃšīṯéhū ḇåṯå lō i̯izzåmer u̯ᵉlō i̯ēʿåḏer
u̯ᵉʿålå šåmīr u̯åšåi̯iṯ /
u̯ᵉʿal hǣʿåḇīm ʾᵃṣau̯u̯ǣ mēhamṭīr ʿålåu̯ måṭår :

— [11] Zum alten Energ. *šifṭū-nå* vgl. 1Q Jes.[a] שפוטונה *š(o)foṭūnnā*; §§ 63, 5d; 68, 2e. — [12] Nach Groß-Zaqefʿ; § 15, 2a (6). — [13] Inf.-Konstruktion nach § 102, 4b: „was soll man noch tun…?"; zum Dagesch forte vgl. § 31, 2b. — [14] Modales Plusquamperf. nach § 101,5. — [15–15] Rhetorische Frage: „Warum hoffte ich [nur] …, da er …?". — [16] S. Anm. 7. — [17] Wz. ידע; § 78, 7a. Der zugrunde liegende Energ. lautet wohl **ʾōdiʿannā*; vgl. 1Q Jes.[a] אודיענא. — [18] Vgl. §§ 87, 3b; 13, 2. — [19–19] Relativischer Objektssatz nach § 115, 5a. — [20] Zum Inf. abs. vgl. § 103, 3. 6. — [21] Perf. cons. nach vorausgehendem Inf. abs.; § 101, 6a. — [21a] P.-Form bei Klein-Zaqef; § 15, 2a (5). — [22] Wz. שית; §§ 80, 1c; 85, 5. — [23] Perf. cons.; § 101, 6a. Zum Sg. vgl.

7 [25] כִּי כֶ֫רֶם יְהוָֹה צְבָאוֹת בֵּית יִשְׂרָאֵל
וְאִישׁ יְהוּדָה נְטַע שַׁעֲשׁוּעָיו
וַיְקַו [26]–לְמִשְׁפָּט וְהִנֵּה מִשְׂפָּח
לִצְדָקָה וְהִנֵּה־צְעָקָה [26] ׃

---

§ 94, 7b. — [24] צִוָּה מִן mit folgendem Inf.: „verbieten“ — [25] Nach v. 3 hier wiederum Subjektswechsel. — [26–26] Wortspiel: מִשְׁפָּט — מִשְׂפָּח „gut Regiment — Blutregiment“,

kī k̲ǽræm I̯ahu̯ǣ ṣᵉb̲å'ōt̲ bēt̲ I̯iśrå'ēl
u̯ᵉ'īš I̯ᵉhūd̲å nᵉṭa' ša'ᵃšū'åu̯ /
u̯ai̯qau̯ lᵉmišpåṭ u̯ᵉhinnē miśpåḥ
liṣd̲åqå u̯ᵉhinnē ṣᵉ'åqå :

צְדָקָה – צְעָקָה „Rechtsprechung – Rechtsbrechung"; vgl. B. Duhm, Das Buch Jesaja [4](1922), zur Stelle.

3. Ein kultisches Thronbesteigungslied

47,2 [1]כָּל־הָעַמִּים תִּקְעוּ־כָף   [2]הָרִיעוּ [3]לֵאלֹהִים בְּקוֹל רִנָּה׃

3 כִּי־יְהוָה [4]עֶלְיוֹן [5–]נוֹרָא   מֶלֶךְ גָּדוֹל עַל־כָּל־הָאָרֶץ[–5] ׃

4 [6]יַדְבֵּר עַמִּים תַּחְתֵּינוּ   וּלְאֻמִּים תַּחַת רַגְלֵינוּ׃

5 יִבְחַר־לָנוּ אֶת־נַחֲלָתֵנוּ   [7]אֶת [8–]גְּאוֹן יַעֲקֹב[–8] אֲשֶׁר־[9]אָהֵב׃

6 [10]עָלָה אֱלֹהִים בִּתְרוּעָה   יְהוָה [11]בְּקוֹל שׁוֹפָר׃

7 זַמְּרוּ [12]לֵאלֹהִים· זַמֵּרוּ   זַמְּרוּ לְמַלְכֵּנוּ זַמֵּרוּ׃

8 כִּי [13]מָלַךְ· עַל כָּל־הָאָרֶץ   אֱלֹהִים זַמְּרוּ [14]מַשְׂכִּיל׃

9 מָלַךְ אֱלֹהִים עַל־גּוֹיִם   אֱלֹהִים [15]יָשַׁב עַל־כִּסֵּא [16]קָדְשׁוֹ׃

10 נְדִיבֵי עַמִּים [17]נֶאֱסָפוּ   [18–]עַם אֱלֹהֵי אַבְרָהָם[–18]
כִּי לֵאלֹהִים מָגִנֵּי־אֶרֶץ   מְאֹד [19]נַעֲלָה׃

Ps. 47, 2—10: [1] Vokativ; § 96, 4b. — [2] Wz. רוע; § 80, 6b. — [3] Zur Form vgl. § 22, 3a. — [4] Apposition; zur fehlenden Determination vgl. § 96, 2a. — [5–5] Prädikat des Nominalsatzes; §§ 90, 3; 96, 4f. — [6] Das Imperf. Hi. mit *e* als zweitem Vokal entspricht der sam. Aussprache; § 71, 1a. Zum Präs.-Fut. bei Schilderungen vgl. § 100, 2b. — [7] Die Form *'æṯ*, nach § 87, 3b gewöhnlich vor Maqqef (§ 16, 1), ist hier durch den Verbinder Mercha (§ 15, 2a[3]) bedingt. — [8–8] Gemeint ist das Land Israel. — [9] P.-Form des qatil-Perf. (§ 68, 2f.); MT. bietet zusätzlich das Pausenzeichen סֶלָה. — [10] Ebenso wie vorhergehendes P. אָהֵב „er liebt", ist עָלָה

3. Ein kultisches Thronbesteigungslied

Kål-hå'ammīm tiq'ū-k̠åf / hårí'ū lēlōhīm b^{e}qōl rinnå :
kī I̯ahu̯ǣ 'æli̯ōn nōrå / mǽlæk̠ gåd̠ōl 'al-kål-hå'å̆ræṣ :
i̯ad̠ber 'ammīm taḥtḗnū / ūl^{e}'ummīm taḥat̠ rag̅lḗnū :
i̯ib̠ḥar-lå̆nū 'æt̠-naḥ^{a}låt̠ḗnū / 'æt̠ g^{e}'ōn I̯a'^{a}qōb̠ '^{a}šær 'åhēb̠:
'ålå '^{ae}lōhīm bit̠rū'å / I̯ahu̯ǣ b^{e}qōl šōfår :
zamm^{e}rū lēlōhīm zammērū / zamm^{e}rū l^{e}malkḗnū zammḗrū:
kī målak̠ 'al kål-hå'å̆ræṣ '^{ae}lōhīm zamm^{e}rū maśkīl :
mālak̠ '^{ae}lōhīm 'al-gōi̯īm / '^{ae}lōhīm i̯åšab̠ 'al-kissē qåd̠šō :
n^{e}d̠īb̠ē 'ammīm næ'^{ae}så̆fū 'am '^{ae}lōhē 'Ab̠råhåm
kī lēlōhīm måginnē-'ǽræṣ m^{e}'ōd̠ na'^{a}lå :

Perf.-Präs.: „er ist aufgestiegen"; § 101, 2b. — [11] Das Dagesch lene ist durch die traditionelle Aussprache des Gottesnamens bestimmt; § 17, 2. — [12] MT.: אֱלֹהִים;vgl. BHK.[3]. — [13] Perf.-Präs.: „ist König über . . ."; MT.: מֶלֶךְ כָּל־; BHK.[3]. — [14] Nicht mehr deutbarer Fachausdruck; Koehler, 571. — [15] Zum Perf.-Präs. „er sitzt" vgl. Anm. 10. — [16] Gen.-Attribut anstelle eines Adj. nach § 97, 4d. — [17] P.-Form bei Groß-Rebia'; § 15, 2b (4). — [18–18] Apposition. — [19] Präs.-Perf.: „er ist gar sehr erhaben"; vgl. Anm. 10 und 15.

4. Jothams Königsfabel

9, 8 [1]הָלוֹךְ הָֽלְכוּ הָעֵצִים לִמְשֹׁחַ [2]עֲלֵיהֶם מֶ֑לֶךְ
9 וַיֹּֽאמְרוּ לַזַּ֫יִת [3]מָלְוֹכָה עָלֵ֫ינוּ ׃ וַיֹּ֫אמֶר לָהֶם הַזַּ֫יִת
[4]הֶֽחֳדַ֫לְתִּי אֶת־דִּשְׁנִי אֲשֶׁר־[5]בּוֹ* [6]יְכַבְּדוּ* [7]אֱלֹהִים וַֽאֲנָשִׁ֑ים
10 [8]וְהָֽלַכְתִּי [9]לָנוּעַ עַל־הָעֵצִֽים ׃
וַיֹּֽאמְרוּ הָעֵצִים לַתְּאֵנָה [10]לְכִי־אַתְּ מָלְכִי עָלֵ֫ינוּ ׃
11 וַתֹּ֫אמֶר לָהֶם הַתְּאֵנָה
[4]הֶֽחֳדַ֫לְתִּי אֶת־מָתְקִי וְאֶת־תְּנוּבָתִי [11]הַטּוֹבָ֑ה
[8]וְהָֽלַכְתִּי לָנוּעַ עַל־הָעֵצִים ׃
12 וַיֹּֽאמְרוּ הָעֵצִים [12]לַגָּ֑פֶן לְכִי־אַתְּ [13]מָלְוֹכִי עָלֵ֫ינוּ ׃
13 וַתֹּ֫אמֶר לָהֶם הַגֶּ֫פֶן
[4]הֶֽחֳדַ֫לְתִּי אֶת־תִּירוֹשִׁי [14]הַמְשַׂמֵּחַ אֱלֹהִים וַֽאֲנָשִׁ֑ים
וְהָֽלַכְתִּי לָנוּעַ עַל־הָעֵצִֽים ׃
14 וַיֹּֽאמְרוּ כָל־הָעֵצִים אֶל־הָאָ֑טָד לֵךְ אַתָּה מְלָךְ־עָלֵ֫ינוּ ׃
15 וַיֹּ֫אמֶר הָאָטָד אֶל־הָעֵצִים
[15]–אִם בֶּֽאֱמֶת אַתֶּם מֹשְׁחִים אֹתִי לְמֶ֫לֶךְ עֲלֵיכֶם–[15]
[16]–בֹּאוּ [17]חֲסוּ בְצִלִּ֑י–[16]
[18]–וְאִם־אַ֫יִן–[18] [19]תֵּצֵא אֵשׁ מִן־הָאָטָד [19]וְתֹאכַל
אֶת־אַרְזֵי הַלְּבָנוֹן ׃

Jdc. 9, 8—15: [1] Vgl. § 103, 4b. — [2] Refl. nach § 110, 2a. — [3] Ketib *m^{e}lóḵå*, Qere *målḵå* „herrsche doch!"; § 68, 2e. — [4] Zur Fragepartikel vgl. § 86, 3a. Die auffällige Vokalisation *hæḥ^{o}ḏáltī* für **hæḥåḏáltī* ist bisher noch ungeklärt. — [5] MT.: בִּי; vgl. BHK.[3]. — [6] Zum unpersönlichen Subjekt „man" vgl. § 94, 8a. — [7] Hier in der allgemeinen Bedeutung „Götter"; § 94, 3d. — [8] Perf. cons.; § 101, 6a. — [9] Vgl. § 80, 3g; Inf. nach § 102, 4a. — [10] Interjektional gebrauchter Imp.: „wohlan!"; § 89, 2. —

4. Jothams Königsfabel

Hålōḵ hål^{e}ḵū håʿēṣīm limšó^{a}ḥ ʿ^{a}lēhæm mǽlæḵ /
u̯ai̯i̯ōm^{e}rū lazzái̯iṯ målḵå ʿålḗnū / u̯ai̯i̯ṓmær låhæm hazzái̯iṯ
hæḥ^{o}ḏáltī ʾæṯ-dišnī ʾ^{a}šær-bō i̯^{e}ḵabb^{e}ḏū ʾ^{ae}lōhīm u̯aʾ^{a}nåšīm /
u̯^{e}hålaḵtī́ lånū́^{a}ʿ ʿal-håʿēṣīm :
u̯ai̯i̯ōm^{e}rū håʿēṣīm latt^{e}ʾēnå l^{e}ḵī-ʾatt målḵī ʿålḗnū :
u̯attṓmær låhæm hatt^{e}ʾēnå
hæḥ^{o}ḏáltī ʾæṯ-måṯqī u̯^{e}ʾæṯ-t^{e}nūḇåṯī haṭṭōḇå /
u̯^{e}hålaḵtī́ lånū́^{a}ʿ ʿal-håʿēṣīm :
u̯ai̯i̯ōm^{e}rū håʿēṣīm laggǻfæn / l^{e}ḵī-ʾatt målḵī ʿålḗnū :
u̯attṓmær låhæm haggǽfæn
hæḥ^{o}ḏáltī ʾæṯ-tīrōšī hamśammḗ^{a}ḥ ʾ^{ae}lōhīm u̯aʾ^{a}nåšīm /
u̯^{e}hålaḵtī́ lånū́^{a}ʿ ʿal-håʿēṣīm :
u̯ai̯i̯ōm^{e}rū ḵål-håʿēṣīm ʾæl-håʾåṭåḏ / leḵ ʾattå m^{e}låḵ-ʿålḗnū :
u̯ai̯i̯ṓmær håʾåṭåḏ ʾæl-håʾēṣīm
ʾim bæʾ^{ae}mæṯ ʾattæm mōš^{e}ḥīm ʾōṯī l^{e}mǽlæḵ ʿ^{a}lēḵæm
bṓʾū ḥ^{a}sū ḇ^{e}ṣillī /
u̯^{e}ʾim-ʾái̯in tēṣē ʾēš min-håʾåṭåḏ u̯^{e}ṯōḵal
ʾæṯ-ʾarzē hall^{e}ḇånōn :

---

[11] Zum adj. Attribut vgl. § 97, 2a. — [12] P.-Form bei Atnaḥ; § 21, 3b. — [13] Ketib *m^{e}lóḵī*, Qere *målḵī*; s. Anm. 3. — [14] Statt **hamm^{e}śammḗ^{a}ḥ*; vgl. § 28, 3b. — [15–15] Nominaler Konditionalsatz nach § 122, 3b. — [16–16] Zum Imp. im Nachsatz vgl. Anm. 19. — [17] Wz. חסה; § 82, 2f. — [18–18] Zur Verneinung vgl. § 90, 4: „wenn aber nicht, dann ...". — [19] Imperf. im Nachsatz nach konditionalem Nominalsatz (§ 122, 3b). Zur Form תֵּצֵא vgl. § 83, 4a.

II. Textproben in tiberischer Vokalisation

5. Der ammonitische Kriegsbericht

10,1 [1]וַיְהִי אַחֲרֵי־כֵן [2]וַיָּמָת מֶלֶךְ בְּנֵי עַמּוֹן וַיִּמְלֹךְ חָנוּן בְּנוֹ
2 [3]תַּחְתָּיו ׃ וַיֹּאמֶר דָּוִד [4]אֶעֱשֶׂה־חֶסֶד עִם־חָנוּן בֶּן־נָחָשׁ
[5]כַּאֲשֶׁר עָשָׂה אָבִיו עִמָּדִי חֶסֶד וַיִּשְׁלַח דָּוִד [6]לְנַחֲמוֹ בְּיַד־
עֲבָדָיו [7]אֶל־אָבִיו [8]וַיָּבֹאוּ עַבְדֵי דָוִד [9]אֶרֶץ בְּנֵי עַמּוֹן ׃
3 וַיֹּאמְרוּ שָׂרֵי בְנֵי־עַמּוֹן אֶל־חָנוּן [10]אֲדֹנֵיהֶם [11]הַמְכַבֵּד
דָּוִד אֶת־[12]אָבִיךָ בְּעֵינֶיךָ כִּי־שָׁלַח לְךָ מְנַחֲמִים [13]הֲלוֹא
[14]בַּעֲבוּר חֲקוֹר אֶת־הָעִיר וּלְרַגְּלָהּ וּלְהָפְכָהּ שָׁלַח דָּוִד
4 אֶת־עֲבָדָיו אֵלֶיךָ ׃ [15]וַיִּקַּח חָנוּן אֶת־עַבְדֵי דָוִד [16]וַיְגַלַּח

---

2 S. 10, 1—11, 1; 12, 26—31: [1] Imperf. cons. bei Beginn einer Erzählung; vgl. § 100, 3b. — [2] Wz. מות; § 80, 3c. — [3] Mit Pl.-Suffix nach § 87, 3g. — [4] Zum Imperf. anstatt Koh. vgl. § 82, 2d: „ich will . . .“. — [5] Komparative Konjunktion; § 116, 2. — [6] Finaler Inf. nach § 102, 4a; zur Form vgl. § 74, 3. — [7] Hier in der Bedeutung „in bezug auf . . .“. — [8] Wz. בוא; § 83, 6. — [9] Direktes Objekt nach § 105, 2b. — [10] Zur Sg.-Bedeutung vgl. § 94, 3d. — [11] Beginn eines nominalen Fragesatzes; §§ 111, 1a; 86, 3a. — [12] Vgl. § 58, 1. — [13] Vgl. § 111, 1b. — [14] Finale Konjunktion mit folgendem Inf.; § 117, 2a. — [15] Wz. לקח; § 76, 3a. — [16] Zum Wegfall des Dagesch forte vgl. § 28, 3b. — [17] P.-Form *ḥéṣī* (§ 52, 4b) bei Ṭifḥa; § 15, 2a (8). — [18] Sg. שֵׁת; § 33, 3a. — [19] Wz. נגד; § 76, 2a. Subjekt ist „man“; vgl. § 94, 8a. — [20] Wz. קרא II als Nebenform zu קרה; präpositionell gebrauchter Inf. constr.: „ihnen entgegen“. — [21] Wz. ישׁב; § 78, 3a. — [22] Zur Form vgl. § 87, 2c. — [23] Wz. שׁוּב; § 80 2f. Perf. cons. nach § 101, 6a: „bleibt in J., bis daß euer B. gewachsen ist und ihr zurückkehren könnt“. Zu עַד mit folgendem Temporalsatz vgl. § 121, 2b. — [24] Dagesch lene nach Paschṭa; § 15, 2a (10). — [25] „die

אֶת־חֲצִי זְקָנָם וַיִּכְרֹת אֶת־מַדְוֵיהֶם [17]בַּחֵצִי עַד [18]שְׁתוֹתֵיהֶם
5 [16]וַיְשַׁלְּחֵם ׃ [19]וַיַּגִּדוּ לְדָוִד וַיִּשְׁלַח [20]לִקְרָאתָם כִּי־הָיוּ
הָאֲנָשִׁים נִכְלָמִים מְאֹד וַיֹּאמֶר הַמֶּלֶךְ [21]שְׁבוּ [22]בִירֵחוֹ
6 עַד־יְצַמַּח זְקַנְכֶם [23]וְשַׁבְתֶּם ׃ וַיִּרְאוּ [24]בְּנֵי עַמּוֹן כִּי נִבְאֲשׁוּ
בְּדָוִד וַיִּשְׁלְחוּ בְנֵי־עַמּוֹן וַיִּשְׂכְּרוּ אֶת־[25]אֲרַם בֵּית־רְחוֹב
וְאֶת־[25]אֲרַם צוֹבָא עֶשְׂרִים אֶלֶף [26]רַגְלִי וְאֶת־מֶלֶךְ מַעֲכָה
7 [27]וְאִישׁ טוֹב [28]שְׁנֵים־עָשָׂר אֶלֶף [26]אִישׁ ׃ וַיִּשְׁמַע דָּוִד
8 וַיִּשְׁלַח אֶת־יוֹאָב וְאֵת כָּל־הַצָּבָא [29]הַגִּבֹּרִים ׃ [30]וַיֵּצְאוּ
[31]בְּנֵי עַמּוֹן [32]וַיַּעַרְכוּ מִלְחָמָה [33]פֶּתַח [34]הַשָּׁעַר וַאֲרַם
צוֹבָא וּרְחוֹב וְאִישׁ־טוֹב וּמַעֲכָה [35–]לְבַדָּם בַּשָּׂדֶה[–35] ׃
9 [36]וַיַּרְא יוֹאָב כִּי־הָיְתָה אֵלָיו פְּנֵי הַמִּלְחָמָה מִפָּנִים וּמֵאָחוֹר
וַיִּבְחַר מִכֹּל [37–]בָּחוּר בְּיִשְׂרָאֵל[–37] [38]וַיַּעֲרֹךְ לִקְרַאת אֲרָם ׃
10 וְאֵת יֶתֶר הָעָם נָתַן בְּיַד [39]אַבְשַׁי [40]אָחִיו [38]וַיַּעֲרֹךְ לִקְרַאת
11 בְּנֵי עַמּוֹן ׃ וַיֹּאמֶר אִם־תֶּחֱזַק [41]אֲרָם מִמֶּנִּי [42]וְהָיְתָה [43]לִּי

Aramäer von ...". — [26] Zum Sg. des gezählten Gegenstandes vgl. § 99, 6. — [27] MT. zusätzlich, jedoch synt. störend, אֶלֶף אִישׁ „1000 Mann". אִישׁ טוֹב bedeutet wahrscheinlich „und die Leute aus Ṭob", einer Landschaft östlich der Jordanquellen; Koehler, 350. Zur Bildung vgl. häufiges אִישׁ יְהוּדָה „Männer von Juda"; S. 26, Anm. 10. — [28] Zur Mischform vgl. §§ 17, 2; 59, 2. — [29] Einschränkende Apposition nach § 98, 2: „das heißt, die Berufssoldaten". — [30] Wz. יצא; § 83, 4a. Zum Meteg vgl. § 16, 2a. — [31] Dagesch lene nach Paschṭa; § 15, 2a (10). — [32] Silbenbildung nach §§ 29, 2b; 73, 1b. — [33] Zum adv. Akk. vgl. § 106, 2a; Dagesch lene nach Ṭifḥa; § 15, 2a (8). — [34] P.-Form; § 21, 3b. — [35–35] Prädikat des Nominalsatzes, der mit וַאֲרַם צוֹבָא beginnt: „während die Aramäer von Ṣoba ... für sich allein auf freiem Felde [standen]"; § 90, 3d. Waw cop. leitet hier einen Modalsatz ein; § 112, 3b. — [36] Wz. ראה; § 82, 2c. — [37–37] So nach dem Ketib und 1 Chr. 19, 10: „Wehrfähige in Israel"; Qere בְּחוּרֵי יִשְׂרָאֵל. — [38] Als nicht genanntes Objekt ist mit v. 8 מִלְחָמָה zu ergänzen. — [39] Nebenform zu אֲבִישַׁי (v. 14). — [40] Vgl. § 58, 2.

[44]לִישׁוּעָה וְאִם־בְּנֵי עַמּוֹן [45]יֶחֶזְקוּ מִמְּךָ [46]וְהָלַכְתִּי [47]לְהוֹשִׁיעַ
12 לָךְ׃ חֲזַק [48]וְנִתְחַזַּק בְּעַד עַמֵּנוּ וּבְעַד עָרֵי אֱלֹהֵינוּ וַיהוָה
13 [49]יַעֲשֶׂה הַטּוֹב בְּעֵינָיו׃ [50]וַיִּגַּשׁ יוֹאָב וְהָעָם אֲשֶׁר עִמּוֹ
14 לַמִּלְחָמָה [51]בַּאֲרָם [52]וַיָּנֻסוּ מִפָּנָיו׃ וּבְנֵי עַמּוֹן רָאוּ [53]כִּי־
נָס [54]אֲרָם וַיָּנֻסוּ מִפְּנֵי אֲבִישַׁי [55]וַיָּבֹאוּ הָעִיר [56]וַיָּשָׁב יוֹאָב
15 מֵעַל בְּנֵי עַמּוֹן [55]וַיָּבֹא יְרוּשָׁלִָם׃ [57]וַיַּרְא אֲרָם כִּי [58]נִגַּף
16 לִפְנֵי יִשְׂרָאֵל [59]וַיֵּאָסְפוּ [60]יָחַד׃ וַיִּשְׁלַח הֲדַדְעֶזֶר [61]וַיֹּצֵא
אֶת־אֲרָם [62]–אֲשֶׁר מֵעֵבֶר הַנָּהָר–[62] [55]וַיָּבֹאוּ חֵילָם וְשׁוֹבַךְ
17 שַׂר־צְבָא הֲדַדְעֶזֶר לִפְנֵיהֶם׃ [63]וַיֻּגַּד לְדָוִד וַיֶּאֱסֹף אֶת־
כָּל־יִשְׂרָאֵל וַיַּעֲבֹר אֶת־הַיַּרְדֵּן וַיָּבֹא [64]חֵלָאמָה [65]וַיַּעַרְכוּ
18 אֲרָם לִקְרַאת דָּוִד וַיִּלָּחֲמוּ עִמּוֹ׃ וַיָּנָס אֲרָם מִפְּנֵי יִשְׂרָאֵל
וַיַּהֲרֹג דָּוִד מֵאֲרָם [66]–שְׁבַע מֵאוֹת–[66] [67]רֶכֶב וְאַרְבָּעִים
אֶלֶף [68]אִישׁ וְאֵת שׁוֹבַךְ שַׂר־צְבָאוֹ הִכָּה וַיָּמָת שָׁם׃
19 וַיִּרְאוּ כָל־[69]הַמְּלָכִים [70]–עַבְדֵי הֲדַדְעֶזֶר–[70] כִּי נִגְּפוּ לִפְנֵי
יִשְׂרָאֵל [71]וַיַּשְׁלִמוּ אֶת־יִשְׂרָאֵל וַיַּעַבְדוּם [72]וַיִּרְאוּ אֲרָם

— [41] Zum wechselnden Genus vgl. § 94, 2f. — [42] Zum Perf. cons. nach konditionalem Imperf. vgl. § 122, 3c. — [43] Dagesch forte nach § 14, 2b. — [44] Vgl. § 87, 2c. — [45] S. Anm. 32. — [46] Perf. cons. *u*^{e}*hålak̲tī*; vgl. Anm. 42. — [47] Wz. ישע; § 78, 7a. — [48] Zur Form vgl. §§ 66, 3c; 70, 3b. — [49] Zum Modus „möge tun" vgl. § 100, 2c. — [50] Wz. נגש; § 76, 2a. Zum Sg. vgl. § 94, 7b. — [51] Dagesch lene nach Ṭifḥa; § 15, 2a (8). Die Präposition בְּ ist dadurch bedingt, daß die maqtal-Bildung מִלְחָמָה (§ 40, 4a) hier als Verbalnomen fungiert und das Ni. der Wz. לחם vornehmlich mit בְּ konstruiert wird. — [52] Wz. נוס; § 80, 3a. — [53] Dagesch lene nach Klein-Zaqef; § 15, 2a (5). — [54] S. Anm. 41. — [55] Zum folgenden Akk. vgl. § 105, 2b. — [56] Wz. שׁוב; § 80, 3c. — [57] S. Anm. 36. — [58] Wz. נגף; § 76, 2a. — [59] Vgl. § 73, 3a. — [60] P.-Form; § 86, 7a. — [61] Wz. יצא; § 83, 4a. — [62–62] Wörtlich: „die von jenseits des Stromes" = „die jenseits des Eufrat wohnen"; vgl. § 115, 5c. — [63] Pass.-Satz nach § 109, 1b. — [64] Zum Lokaladv. „nach Chelam" vgl. § 45, 3c, zur Konstruktion § 105, 2a; zum Vokalbuchstaben א in חלאמה vgl. § 9, 2. — [65] S. Anm. 32 und 38. — [66–66] § 59, 4. — [67] Zum kollektiven Sg. „Streit-

11, 1 לְהוֹשִׁיעַ עוֹד אֶת־בְּנֵי עַמּוֹן ׃ וַיְהִי לִתְשׁוּבַת הַשָּׁנָה לְעֵת
צֵאת [73]הַמְּלָכִים* וַיִּשְׁלַח דָּוִד אֶת־יוֹאָב וְאֶת־עֲבָדָיו עִמּוֹ
וְאֶת־כָּל־יִשְׂרָאֵל וַיַּשְׁחִתוּ אֶת־בְּנֵי עַמּוֹן [74]וַיָּצֻרוּ עַל־רַבָּה
12, 26 וְדָוִד יוֹשֵׁב בִּירוּשָׁלִָם׃ וַיִּלָּחֶם יוֹאָב בְּרַבַּת בְּנֵי עַמּוֹן וַיִּלְכֹּד
27 אֶת־[75]־עִיר הַמְּלוּכָה־[75] ׃ וַיִּשְׁלַח יוֹאָב מַלְאָכִים אֶל־
דָּוִד וַיֹּאמֶר נִלְחַמְתִּי בְרַבָּה גַּם־לָכַדְתִּי אֶת־[76]־עִיר
28 הַמָּיִם־[76] ׃ וְעַתָּה [77]אֱסֹף אֶת־יֶתֶר הָעָם [78]וַחֲנֵה עַל־הָעִיר
[79]וְלָכְדָהּ [80]פֶּן־אֶלְכֹּד אֲנִי אֶת־הָעִיר [81]וְנִקְרָא שְׁמִי עָלֶיהָ ׃
29 וַיֶּאֱסֹף דָּוִד אֶת־כָּל־הָעָם [82]וַיֵּלֶךְ [83]רַבָּתָה וַיִּלָּחֶם בָּהּ
30 [84]וַיִּלְכְּדָהּ ׃ [85]וַיִּקַּח אֶת־עֲטֶרֶת־מַלְכָּם מֵעַל רֹאשׁוֹ
וּמִשְׁקָלָהּ כִּכַּר זָהָב וְאֶבֶן יְקָרָה וַתְּהִי עַל־רֹאשׁ דָּוִד וּשְׁלַל
31 הָעִיר הוֹצִיא [86]־הַרְבֵּה מְאֹד־[86] ׃ וְאֶת־הָעָם אֲשֶׁר־בָּהּ
הוֹצִיא וַיָּשֶׂם בַּמְּגֵרָה וּבַחֲרִצֵי הַבַּרְזֶל וּבְמַגְזְרֹת הַבַּרְזֶל
[87]וְהֶעֱבִיד* אוֹתָם [88]בַּמַּלְבֵּן* וְכֵן [89]יַעֲשֶׂה לְכֹל עָרֵי בְנֵי־
עַמּוֹן [90]וַיָּשָׁב דָּוִד וְכָל־הָעָם [91]יְרוּשָׁלִָם ׃

---

wagenpferde“ vgl. § 99, 6. — [68] „Fußvolk“ nach 1 Chr. 19, 18, das ergänzend *raḡlī* bietet; MT.: פָּרָשִׁים. — [69] Zum Dagesch forte vgl. § 28, 3b. — [70–70] Apposition: „die Vasallen Hadadesers“; § 98, 1a. — [71] Denominativ von *šålōm* „Friede“: „Frieden schließen mit . . .“; § 66, 1c. — [72] Wz. ירא; *ẏaẏẏīrᵉʼū*; § 78,2b. 3b. — [73] So nach dem Qere und 1 Ch 20, 1; zu MT. הַמְּלָאכִים vgl. BHK.^{3}. — [74] Wz. צור; § 80, 3a. — [75–75] „Königsstadt“. — [76–76] „Wasserstadt“; zu P. הַמָּיִם vgl. § 58, 16. — [77] Zur Form vgl. § 73, 2b — [78] Vgl. 82, 2f. — [79] S. § 84, 2e. — [80] Finale Negation; § 117, 2b. — [81] Perf. cons. nach § 101, 6a: „und . . . [nicht] genannt werde“. — [82] Vgl. § 78, 9a. — [83] Vgl. § 45, 3c. — [84] Vgl. § 84, 2b. — [85] Xz. לקח; § 76, 3a. — [86–76] Apposition zum vorangestellten Objekt: „eine große Menge“; zu הַרְבֵּה vgl. § 103, 4d. — [87] MT.: וְהֶעֱבִיר; BHK.^{3}. — [88] So mit dem Qere: „in der Ziegelei“; zum Ketib בַּמַּלְכֵּן (?) s. BHK.^{3}. — [89] Imperf. bei Schilderung eines Vorgangs: „und so verfuhr er . . .“; § 100, 2b. — [90] Übersetze: „darauf . . .“. — [91] P.-Form; zum adv. Akk. vgl. § 106, 2a.

6. Jesajas Berufung

6, 1 [1]בִּשְׁנַת־מוֹת [2]הַמֶּלֶךְ [3]עֻזִּיָּהוּ [4]וָאֶרְאֶה אֶת־אֲדֹנָי [5]יֹשֵׁב עַל־
2 כִּסֵּא רָם וְנִשָּׂא וְשׁוּלָיו [6]מְלֵאִים אֶת־הַהֵיכָל׃ שְׂרָפִים
עֹמְדִים מִמַּעַל לוֹ [7]–שֵׁשׁ כְּנָפַיִם שֵׁשׁ כְּנָפַיִם–[7] לְאֶחָד
[8]בִּשְׁתַּיִם יְכַסֶּה פָנָיו וּבִשְׁתַּיִם יְכַסֶּה [9]רַגְלָיו וּבִשְׁתַּיִם
3 [10]יְעוֹפֵף׃ [11]וְקָרָא [12]–זֶה אֶל־זֶה–[12] [11]וְאָמַר
קָדוֹשׁ קָדוֹשׁ קָדוֹשׁ יְהוָה צְבָאוֹת
[13]–מְלֹא כָל־הָאָרֶץ כְּבוֹדוֹ–[13]׃
4 [14]וַיָּנֻעוּ [15]–אַמּוֹת הַסִּפִּים–[15] מִקּוֹל הַקּוֹרֵא
[16]וְהַבַּיִת יִמָּלֵא [17]עָשָׁן׃
5 [18]וָאֹמַר
אוֹי־לִי כִי־[19]נִדְמֵיתִי כִּי אִישׁ [20]טְמֵא־שְׂפָתַיִם אָנֹכִי
וּבְתוֹךְ עַם־[20]טְמֵא שְׂפָתַיִם אָנֹכִי יוֹשֵׁב
כִּי אֶת־[21]הַמֶּלֶךְ יְהוָה צְבָאוֹת [22]רָאוּ עֵינָי׃

Jes. 6, 1—11: [1] Nach J. Begrich, Die Chronologie der Könige von Juda und Israel (1929), 155: 747/6 v. Chr. — [2] Voranstehende Apposition; § 98, 1a. — [3] Daneben Asarja. — [4] Zum Imperf. cons. vgl. § 100, 3c; zur Form s. § 82, 2a. — [5] Prädikativ gebrauchtes Part. nach einem Verbum des Wahrnehmens; § 104, 2a. — [6] Part. mit verbaler Rektion; § 104, 1a. — [7–7] Distributiv: „je sechs Flügel"; § 60, 4. Der Du. vertritt hier, offenbar wegen der paarweisen Anordnung, den Pl.; § 43, 2d. — [8] Zur Mischform vgl. §§ 17, 1; 59, 1. — [9] Du.; § 52, 1c. — [10] Wz. עוף; § 80, 5a. — [11] Erzählendes Perf. wie im Ugar.; vgl. § 101, 1. — [12–12] Reziproker Ausdruck nach § 31, 4d. — [13–13] Nominalsatz, in dem nach § 90, 3a die Maßangabe das Prädikat darstellt: „die Fülle der ganzen Erde [ist] seine Herrlichkeit" = „seine Herrlichkeit erfüllt die ganze Erde". — [14] Wz. נוע; § 80, 3a. — [15–15] „die Zapfen in den Türangelsteinen"; Koehler, S. 663. — [16] S. § 58, 15. — [17] Zum Akk. vgl. § 105, 2a. — [18] Zur Form vgl.

6 [23]וַיָּעָף אֵלַי אֶחָד מִן־הַשְּׂרָפִים וּבְיָדוֹ רִצְפָּה
7 [24]בְּמֶלְקָחַיִם [25]לָקַח מֵעַל הַמִּזְבֵּחַ׃ [26]וַיַּגַּע עַל־פִּי
וַיֹּאמֶר
הִנֵּה [27]נָגַע זֶה עַל־שְׂפָתֶיךָ [28]וְסָר [29]עֲוֺנֶךָ
וְחַטָּאתְךָ [30]תְּכֻפֵּר׃
8 וָאֶשְׁמַע אֶת־קוֹל אֲדֹנָי [31]אֹמֵר
אֶת־מִי אֶשְׁלַח וּמִי [32]יֵלֶךְ־לָנוּ
וָאֹמַר הִנְנִי [33]שְׁלָחֵנִי׃
9 וַיֹּאמֶר
לֵךְ [34]וְאָמַרְתָּ לָעָם הַזֶּה
שִׁמְעוּ [35]שָׁמוֹעַ [36]וְאַל־תָּבִינוּ
וּרְאוּ [35]רָאוֹ [36]וְאַל־[37]תֵּדָעוּ׃
10 הַשְׁמֵן לֵב־הָעָם הַזֶּה
וְאָזְנָיו הַכְבֵּד וְעֵינָיו [38]הָשַׁע
[39]פֶּן־יִרְאֶה בְעֵינָיו וּבְאָזְנָיו [40]יִשְׁמָע
וּלְבָבוֹ יָבִין [41]וָשָׁב* וְרָפָא לוֹ׃

---

§ 77, 1c. — [19] Perf.-Präs. nach § 101, 2b: „ich bin vernichtet“; zur Form s. § 82, 3. — [20] Vgl. § 97, 5. — [21] S. Anm. 2. — [22] Vgl. § 101, 2b. — [23] Vgl. § 80, 3c. — [24] Zum Du. vgl. § 43, 2d. — [25] Zur Vorzeitigkeit s. § 101, 3c. — [26] Wz. נגע; § 76, 2a. — [27] Perf.-Präs. nach § 101, 2b. — [28] Perf. cons. nach Perf.-Präs.; § 101, 6a: „so daß weicht . . .“. — [29] P.-Form bei Klein-Zaqef; § 15, 2a (5). 4. — [30] Zum Imperf. nach Perf. cons. vgl. § 101, 6d. — [31] S. Anm. 5. — [32] Zur Form vgl. § 78, 9a. — [33] Suff. nach § 84, 6c. — [34] Perf. cons. *u̯*^{e}*ʾåmartå* nach Imp.; § 101, 6a. — [35] Vgl. § 103, 4b. — [36] Proh.; § 100, 4d. — [37] P.-Form; § 78, 3a. — [38] Wz. שעע I; § 79, 5b. — [39] Finale Negation; § 117, 2b. — [40] P.-Form bei Rebiaʿ; vgl. § 15, 4. — [41] MT.: וָשָׁב mit Bezug auf יָבִין; „und sein Herz einsichtig werde und sich bekehre“. Doch wohl besser: „so daß man es wieder heile“. Zum unpersönlichen Subjekt vgl. § 94, 8a; Beiordnung beider Verben nach § 108, 3b. — [42] Vgl. § 121, 2b. — [43] Wz. שאה I; § 82, 2g. — [44] Die

11 וָאֹמַר
עַד־מָתַי אֲדֹנָ֑י
וַיֹּאמֶר
[42]עַד אֲשֶׁר אִם־[43]שָׁאוּ עָרִים [44]מֵאֵין יוֹשֵׁב
וּבָתִּים [44]מֵאֵין אָדָם וְהָאֲדָמָה [45]תִּשָּׁאֶה [46]שְׁמָמָה׃

---

doppelte Negation hebt sich nicht auf: „so daß kein ...“. Zum negierten Nominalsatz vgl. § 90, 4. — [45] Vgl. § 82, 3. — [46] Zum Akk. des effizierten Objekts im Pass.-Satz vgl. § 109, 2b.

7. Jerusalems Läuterung

1,21 אֵיכָה [1]הָיְתָה לְזוֹנָה קִרְיָה נֶאֱמָנָה
[2]מְלֵאֲתִי מִשְׁפָּט [3]–צֶדֶק יָלִין בָּהּ–[3].[4] :
22 כַּסְפֵּךְ [1]הָיָה לְסִיגִים [5]סָבְאֵךְ מָהוּל[6] :
23 שָׂרַיִךְ סוֹרְרִים וְחַבְרֵי גַּנָּבִים
[7]כֻּלּוֹ אֹהֵב שֹׁחַד וְרֹדֵף שַׁלְמֹנִים
יָתוֹם לֹא [8]יִשְׁפֹּטוּ וְרִיב אַלְמָנָה לֹא־יָבוֹא אֲלֵיהֶם :
24 לָכֵן
נְאֻם [9]הָאָדוֹן יְהוָה צְבָאוֹת אֲבִיר יִשְׂרָאֵל
הוֹי אֶנָּחֵם מִצָּרַי וְאִנָּקְמָה מֵאוֹיְבָי :
25 [10]וְאָשִׁיבָה יָדִי עָלַיִךְ וְאֶצְרֹף [11]סִיגָיִךְ
וְאָסִירָה כָּל־בְּדִילָיִךְ :
26 [12]וְאָשִׁיבָה שֹׁפְטַיִךְ כְּבָרִאשֹׁנָה וְיֹעֲצַיִךְ כְּבַתְּחִלָּה
אַחֲרֵי־כֵן [13]יִקָּרֵא לָךְ עִיר הַצֶּדֶק קִרְיָה נֶאֱמָנָה :

Jes. 1, 21—26: [1] Präs.-Perf.; § 101, 2b. — [2] Zum Jod compaginis vgl. § 45, 3d; das Part. fungiert hier als Nomen. — [3–3] Asyndetischer Attributsatz mit pronominalem Rückverweis; § 115, 2b. — [4] MT. zusätzlich וְעַתָּה מְרַצְּחִים „und jetzt Mörder", stilistisch hart, da Vorwegnahme von v. 22f.; vgl. BHK.^{3}. — [5] Lies: *såḇ'ēḵ*. — [6] MT. zusätzlich בַּמָּיִם; BHK.^{3}. — [7] Kollektiver Sg.: „sie alle"; daher 1Q Jes^a כולם. — [8] P.-Form *ịišpọ́ṭū* bei Klein-Zaqef; § 15, 2a (5). 4. — [9] Apposition; § 98, 1a. — [10] Wz. שׁוב; § 80, 6a: „ich will ausrecken ...". — [11] MT. zusätzlich כַּבֹּר „wie Lauge" (?). — [12] Vgl. Anm. 10; doch übersetze: „ich will wiederherstellen ...". — [13] Zum Pass.-Satz vgl. § 109, 1b.

8. Der Gottesknecht

52, 13 הִנֵּה [1]יַשְׂכִּיל עַבְדִּי [2]יָרוּם [3]וְנִשָּׂא [3]וְגָבַהּ מְאֹד׃
14 כַּאֲשֶׁר שָׁמְמוּ [4]עָלָיו* רַבִּים
[5]כִּי*־[6]מָשְׁחָת* [7]מֵאִישׁ מַרְאֵהוּ וְתֹאֲרוֹ [7]מִבְּנֵי אָדָם׃
15 כֵּן [8]*יִרְגְּזוּ* גּוֹיִם רַבִּים [9]עָלָיו יִקְפְּצוּ מְלָכִים פִּיהֶם
כִּי אֲשֶׁר לֹא־סֻפַּר לָהֶם רָאוּ וַאֲשֶׁר לֹא שָׁמְעוּ [10]הִתְבּוֹנָנוּ׃
53, 1 מִי [11]הֶאֱמִין לִשְׁמֻעָתֵנוּ וּזְרוֹעַ יְהוָה עַל־מִי [12]נִגְלָתָה׃
2 [13]וַיַּעַל [14]כַּיּוֹנֵק [14a]לְפָנֵינוּ* [14]וְכַשֹּׁרֶשׁ מֵאֶרֶץ צִיָּה
לֹא־תֹאַר לוֹ וְלֹא הָדָר [15]וְלֹא מַרְאֶה [16]וְחֶמְדָּה*׃
3 נִבְזֶה [17]וַחֲדַל [18]אִישִׁים אִישׁ מַכְאֹבוֹת [19]וִידוּעַ [20]חֹלִי

Jes. 52, 13—53, 12: [1] Wz. שׂכל I: „er wird Erfolg haben"; vielleicht altes Imperf. Qal i̯aqtil (1 S. 18, 30) nach §§ 68, 2a; 71, 1i. — [2] Übersetze: „er wird sich überlegen zeigen". — [3] Perf. cons.; § 101, 6a. — [4] MT. עָלֶיךָ; vgl. BHK.[3]. — [5] MT. כֵּן; vgl. BHK.[3]. Als emphatisches *kī* (§ 114, 2) leitet die Partikel hier eine Parenthese ein. — [6] MT. מִשְׁחַת: „Entstelltes" (?); vgl. BHK.[3]. — [7] Übersetze: „nicht mehr menschlich" bzw. „unmenschlich"; zu komparativischem מִן vgl. § 98, 3a. — [8] So nach G. θαυμάσονται; vgl. BHK.[3]. MT. (= 1 Q Jes[a]): יַזֶּה (Wz. נזה): „er wird zerstreuen" (?); vgl. Th. C. Vriezen, Oudtestamentische Studien VII (1950), 203ff. — [9] Mit G. gegen MT. auf das vorangehende Verbum zu beziehen. — [10] Wz. בין; § 80, 5a: P.-Form zu K. הִתְבּוֹנְנוּ. — [11] Modal: „wer hätte ... geglaubt"; § 101, 5. — [12] P.-Form zu K. נִגְלְתָה; § 82, 3. — [13] Wz. עלה; § 82, 2c. — [14] Zur Determination vgl. § 96, 4d. — [14a] MT. לְפָנָיו; BHK.[3]. — [15] MT. vorher וְנִרְאֵהוּ; BHK.[3]. — [16] Mit G. für MT. וְנֶחְמְדֵהוּ „so daß wir ihn begehrt hätten". — [17] Mit nachfolgendem Gen. nach § 97, 5: „Verzicht leistend in bezug auf ..."; hier wohl Pass.: „verlassen von ...". — [18] Zum Pl. s. § 58, 8. — [19] Part. Pass.: „vertraut, erfahren". — [20] P.-Form; § 52, 4b. — [21—21] So mit 1 Q Jes[a]: „und wie einen, vor dem man das Gesicht verhüllt"; MT. וּכְמַסְתֵּר (Part. Hi. oder Nominalbildung „Verhüllen"?). — [21a] Vgl. zur Konjektur 1 Q Jes[a] ונבווהו (Wz. בוז): „so ver-

[21]וּכְמַסְתִּיר* פָּנִים מִמֶּנּוּ[21] [21a]וַנִּבְזֵהוּ* וְלֹא חֲשַׁבְנֻהוּ׃
4 אָכֵן [22]חֳלָיֵנוּ הוּא נָשָׂא[22] [23]וּמַכְאֹבֵינוּ סְבָלָם[23]
וַאֲנַחְנוּ [24]חֲשַׁבְנֻהוּ נָגוּעַ[24] [25]מֻכֵּה אֱלֹהִים[25] [26]וּמְעֻנֶּה׃
5 וְהוּא מְחֹלָל [27]מִפְּשָׁעֵנוּ מְדֻכָּא [27]מֵעֲוֺנֹתֵינוּ
[28]מוּסַר שְׁלוֹמֵנוּ[28] עָלָיו וּבַחֲבֻרָתוֹ [29]נִרְפָּא־לָנוּ׃
6 כֻּלָּנוּ כַּצֹּאן [30]תָּעִינוּ אִישׁ לְדַרְכּוֹ [31]פָּנִינוּ
וַיהוָה הִפְגִּיעַ בּוֹ אֵת עֲוֺן כֻּלָּנוּ׃
7 [32]נִגַּשׂ וְהוּא [33]נַעֲנֶה וְלֹא יִפְתַּח־פִּיו
[34]כַּשֶּׂה לַטֶּבַח יוּבָל[34] [35]וּכְרָחֵל לִפְנֵי גֹזְזֶיהָ נֶאֱלָמָה[35]׃
8 מֵעֹצֶר וּמִמִּשְׁפָּט [36]לֻקָּח וְאֶת־[37]דּוֹרוֹ מִי [38]יְשׂוֹחֵחַ
כִּי נִגְזַר מֵאֶרֶץ חַיִּים מִפֶּשַׁע [39]עַמּוֹ* [40]נֻגַּע לַמָּוֶת[40]*׃

---

achteten wir ihn"; MT. synt. schwierig Part. נִבְזֶה „verachtet". — 22–22 Pl.-Form *ḥolå̄i̯ēnū*; vgl. § 52, 4b. Synt. liegt ein zusammengesetzter Nominalsatz vor: „unsere Krankheiten — er trug [sie]"; § 92, 4b. Im Prädikatsteil ist das Subjekt betont; § 91, 2. — 23–23 Anders als im vorangehenden Satz begegnet hier pronominaler Rückverweis: „und unsere Schmerzen — er trug sie"; § 92, 4b. — 24–24 Zum doppelten Akk. vgl. § 105, 4b. — 25–25 Wz. נכה; § 83, 2b. Das Part. regiert einen Gen. subjectivus: „von Gott geschlagen"; vgl. § 104, 1a. — 26 Wz. ענה II; § 82, 4b. — 27 מִן hat hier die Bedeutung „wegen". — 28–28 Gen. objectivus nach § 97, 4a: „Züchtigung um unseres Heiles willen". — 29 Zur Pass.-Konstruktion s. § 109, 1b. — 30 Wz. תעה; § 82, 2g. — 31 Wz. פנה; § 82, 2g. — 32 Wz. נגשׂ; § 76, 2a. — 33 Wz. ענה II; § 82, 3. — 34–34 Asyndetischer Attributsatz; § 115, 2a. Zur Wz. יבל vgl. § 78, 8a; P.-Form bei Klein-Zaqef (§ 15, 2a [5]). — 35–35 Übersetze nach Anm. 34: „und wie ein Schaf, das ... verstummt". Anschließend MT. וְלֹא יִפְתַּח פִּיו „und er öffnet nicht seinen Mund". — 36 P.-Form; §§ 68, 3b; 68, 2f. — 37 Hier in der Bedeutung „Geschick"; Koehler, 206. — 38 Wz. שׂיח; § 80, 5. Zum zusammengesetzten Nominalsatz: „und sein Geschick — wer bedenkt [es]?" vgl. § 92, 4b. — 39 So mit 1Q Jes^a; MT. synt. schwierig עַמִּי „meines Volkes". — 40–40 Vgl. G. ἤχθη εἰς θάνατον. Das Pu. wird durch 1Q Jes.^{a} נוגע gestützt; MT. נֶגַע לָמוֹ „ein Schlag [war] ihnen (?)" ist unver-

9 [41]וַיִּתֵּן אֶת־רְשָׁעִים קִבְרוֹ [–42]וְאֶת־עֹשֵׂי רַע*[42–] [43]בָּמֹתָו*
[44]עַל לֹא־חָמָס עָשָׂה [45]וְלֹא מִרְמָה [45a]בְּפִיו׃
10 וַיהוָה חָפֵץ [46]דַּכְּאוֹ [47]בָּחֳלִי* [48]אִם [49]יָשִׂים* [50–]אָשָׁם נַפְשׁוֹ[–50]
יִרְאֶה זֶרַע יַאֲרִיךְ יָמִים וְחֵפֶץ יְהוָה בְּיָדוֹ יִצְלָח׃
11 [51]מֵעֲמַל נַפְשׁוֹ יִרְאֶה [52]אוֹר* [53]יִשְׂבָּע
[54]בְּרָעָתוֹ* [55]יַצְדִּיק* עַבְדִּי [56]לָרַבִּים וַעֲוֺנֹתָם הוּא יִסְבֹּל׃
12 לָכֵן אֲחַלֶּק־לוֹ בָרַבִּים וְאֶת־עֲצוּמִים יְחַלֵּק שָׁלָל
[–57]תַּחַת אֲשֶׁר[57–] [–58]הֶעֱרָה לַמָּוֶת נַפְשׁוֹ[58–]
וְאֶת־פֹּשְׁעִים [59]נִמְנָה
[60]וְהוּא חֵטְא־רַבִּים נָשָׂא [–61]וְלַפֹּשְׁעִים יַפְגִּיעַ[61–]׃

---

ständlich. — [41] Unpersönliches Subjekt „man" im Sg. nach § 94, 8a; 1 Q Jes.[a] im Pl. ויתנו. — [42–42] MT. אֶת־עָשִׁיר „und bei Reichen" (?); BHK.[3] — [43] Vgl. 1 Q Jes.[a] בומתו *bōmatō* „sein Grabmal"; MT. „in seinen Todesarten" (?). — [44] Konzessive Konjunktion nach § 119, 2a. — [45] Zur Negation vgl. § 90, 4. — [45a] Dagesch lene nach Ṭifḥa; § 15, 2a (8). — [46] Zum Inf. vgl. § 102, 2. — [47] BHK.[3]; MT. הֶחֱלִי (?); 1 Q Jes.[a] ויחללהו „und er verwundete ihn". — [48] Beginn einer konditionalen Periode; § 122, 3c. — [49] MT. תָּשִׂים; BHK.[3]. — [50–50] Doppelter Akk. nach § 105, 4b: „Wenn er sein Leben als Sühnopfer einsetzte, sollte er ...". — [51] מִן hat hier die Bedeutung „wegen". — [52] Das in MT. fehlende Objekt ist nach 1 Q Jes.[a] und G. ergänzt. — [53] P.-Form bei Klein-Zaqef; § 15, 4. Synt. ist, trotz ungewöhnlicher Stellung, יִשְׂבָּע dem vorangehenden Verbum übergeordnet: „er wird sich am Licht sattsehen"; vgl. § 108, 1. 2a. — [54] MT. בְּדַעְתּוֹ „durch seine Einsicht"; BHK.[3] — [55] MT. יַצְדִּיק צַדִּיק „er wird gerecht machen, der Gerechte ..."; BHK.[3] — [56] Zu לְ beim Akk.-Objekt vgl. § 107, 2a. — [57–57] Kausale Konjunktion; § 120, 2a. — [58–58] Wz. ערה; § 82, 5a: „dafür, daß er sich dem Tode preisgegeben hat". Zu נֶפֶשׁ als Refl.-Ausdruck vgl. § 110, 2b. — [59] Wz. מנה; § 82, 3. Das Ni. hat hier wohl nach § 110, 1 Refl.-Funktion: „er hat sich ... zählen lassen". — [60] Kausales Waw cop.: „da er ... trug"; § 120, 1. — [61–61] Stilistisch besser ist 1 Q Jes.[a]: ולפשעיהמה יפגע „... und für ihre Übertretungen eintrat".

9. Was ist der Mensch?

8, 2 יְהוָה אֲדֹנֵינוּ [1]מָה־אַדִּיר [2]שִׁמְךָ [3]בְּכָל־הָאָרֶץ
אֲשֶׁר [4]תְּנָּה* הוֹדְךָ עַל־הַשָּׁמָיִם׃
3 מִפִּי עוֹלְלִים וְיֹנְקִים יִסַּדְתָּ עֹז לְמַעַן צוֹרְרֶיךָ
לְהַשְׁבִּית אוֹיֵב וּמִתְנַקֵּם׃ [[6]כּוֹנַנְתָּה׃
4 [5]כִּי־אֶרְאֶה שָׁמֶיךָ מַעֲשֵׂי אֶצְבְּעֹתֶיךָ יָרֵחַ וְכוֹכָבִים אֲשֶׁר
5 [7]מָה־אֱנוֹשׁ כִּי־[8]תִזְכְּרֶנּוּ וּבֶן־אָדָם כִּי [8]תִפְקְדֶנּוּ׃
6 [9]תְּחַסְּרֵהוּ* מְּעַט מֵאֱלֹהִים [10]–וְכָבוֹד וְהָדָר–[10] [9]תְּעַטְּרֵהוּ׃
7 [9]תַּמְשִׁילֵהוּ [11]בְּמַעֲשֵׂי יָדֶיךָ כֹּל [12]שַׁתָּה תַחַת־רַגְלָיו׃
8 צֹנֶה וַאֲלָפִים כֻּלָּם וְגַם בַּהֲמוֹת [13]שָׂדָי׃
9 צִפּוֹר שָׁמַיִם וּדְגֵי הַיָּם עֹבֵר אָרְחוֹת [14]מָיִם*׃
10 יְהוָה אֲדֹנֵינוּ מָה־אַדִּיר שִׁמְךָ בְּכָל־הָאָרֶץ׃

Ps. 8, 2—10: [1] Vgl. § 31, 2b. — [2] Vgl. § 49, 3a. — [3] Dagesch lene nach Dehi; § 15, 2b (9). — [4] Vielleicht von der Wz. תנה II: „dessen Hoheit besungen wird ...“; § 82, 4b. MT. תְּנָה, Wz. נתן (?); vgl. BHK.[3] und Ges. s. v. תנה I. — [5] Vgl. § 121, 2a. b. — [6] Wz. כון; § 80, 5a. — [7] Zur Form der rhetorisch gebrauchten Fragepartikel s. Anm. 1. — [8] Suff. Energ. nach § 84, 2d. — [9] MT. Imperf. cons. (?) וַתְּחַסְּרֵהוּ; hier und bei den folgenden Verben handelt es sich um ein schilderndes Imperf. nach § 100, 2b. — [10–10] Zum Akk. vgl. § 105, 2a. — [11] Vgl. § 53, 1. — [12] Wz. שית; § 80, 1d. 3f. Zum Präs.-Perf. als Zusammenfassung des Vorhergehenden vgl. § 101, 2b. — [13] P.-Form zu K. שָׂדַי „freies Feld“; vgl. § 22, 4d. — [14] MT. יַמִּים „Meere“; BHK.[3]

10. Ein Wallfahrtslied

121, 1 [1]אֶשָּׂא עֵינַי אֶל־[2]הֶהָרִים [3–]מֵאַיִן יָבֹא עֶזְרִי[–3] ׃
2 עֶזְרִי מֵעִם יְהוָה [4]עֹשֵׂה שָׁמַיִם [5]וָאָרֶץ ׃
3 [6]אַל־[7]יִתֵּן [7a]לָמוֹט* רַגְלֶךָ [6]אַל־יָנוּם [8]שֹׁמְרֶךָ ׃
4 הִנֵּה לֹא־יָנוּם וְלֹא [9]יִישָׁן שׁוֹמֵר יִשְׂרָאֵל ׃
5 יְהוָה שֹׁמְרֶךָ יְהוָה צִלְּךָ עַל־יַד יְמִינֶךָ ׃
6 יוֹמָם הַשֶּׁמֶשׁ לֹא־[10]יַכֶּכָּה וְיָרֵחַ [11]בַּלֵּילָה ׃
7 יְהוָה [12]יִשְׁמָרְךָ מִכָּל־רָע יִשְׁמֹר אֶת־נַפְשֶׁךָ ׃
8 יְהוָה [13]יִשְׁמָר־[14]צֵאתְךָ [15]וּבוֹאֶךָ מֵעַתָּה וְעַד־עוֹלָם ׃

Ps. 121, 1—8: [1] Wz. **נשׂא**; § 83, 1a. — [2] Zum Artikel s. § 32, 4c. — [3–3] Direkter Fragesatz; zur Fragepartikel vgl. § 31, 2d. — [4] Zum Part. mit nominaler Rektion vgl. § 104, 1a. — [5] P.-Form; zur Kopula s. § 88, 1. — [6] **אַל** steht hier für **לֹא** beim Imperf. — [7] Wz. **נתן**; § 76, 3a: „er läßt nicht ...“. — [7a] MT. **לַמּוֹט**. — [8] Vgl. § 104, 1a. — [9] Wz. **ישׁן**; § 78, 3b. — [10] Wz. **נכה**; § 85, 8b: suff. Energ. mit *h* als Vokalbuchstaben im Auslaut. — [11] P.-Form; K. **בַּלַּיְלָה**. — [12] Vgl. § 84, 2b. — [13] Zur Form vor Maqqef vgl. § 68, 2a. — [14] Zum Inf. vgl. §§ 78, 3a; 83, 4a; 22, 3a. Suff. nach § 47. — [15] P.-Form; K. **וּבוֹאֲךָ**.

11. Der gute Hirt

23, 1 [1–]יְהוָה רֹעִי[–1] לֹא [2]אֶחְסָר׃
2 בִּנְאוֹת דֶּשֶׁא יַרְבִּיצֵנִי עַל־מֵי מְנֻחוֹת [3]יְנַהֲלֵנִי׃
3 נַפְשִׁי [4]יְשׁוֹבֵב [5]יַנְחֵנִי בְמַעְגְּלֵי־צֶדֶק לְמַעַן שְׁמוֹ׃
4 [6]גַּם כִּי־[7]אֵלֵךְ בְּגֵיא צַלְמָוֶת לֹא־[8]אִירָא רָע
כִּי־אַתָּה [9]עִמָּדִי [10–]שִׁבְטְךָ [10a]וּמִשְׁעַנְתֶּךָ הֵמָּה יְנַחֲמֻנִי[–10]׃
5 תַּעֲרֹךְ לְפָנַי שֻׁלְחָן נֶגֶד צֹרְרָי
דִּשַּׁנְתָּ בַשֶּׁמֶן רֹאשִׁי [11–]כּוֹסִי רְוָיָה[–11]׃
6 אַךְ טוֹב וָחֶסֶד יִרְדְּפוּנִי כָּל־יְמֵי [12]חַיָּי
[13]וְשִׁבְתִּי בְּבֵית־יְהוָה לְאֹרֶךְ יָמִים׃

Ps. 23, 1–6: [1–1] Zweigliedriger Nominalsatz; § 90, 1. — [2] P.-Form; §§ 68, 2a; 73, 2a. — [3] Zur Form vgl. §§ 74, 3; 84, 6b. — [4] Wz. שׁוּב; § 80, 5a. — [5] Wz. נחה; §§ 82, 5a; 85, 7. — [6] Konzessive Konjunktion nach § 119, 2a. — [7] Vgl. § 78, 9a. — [8] Wz. ירא; §§ 78, 3b; 83, 4b. — [9] Vgl. § 87, 3c — [10–10] Zusammengesetzter Nominalsatz nach § 92, 4b. — [10a] P.-Form bei Groß-Rebia'; § 15, 2b (4). — [11–11] S. Anm. 1. — [12] P.-Form; zum Suffix vgl. § 46, 3a. — [13] Wörtlich: „und mein Sitzen [ist] im ...“ = „und ich bleibe im ...“, wobei der Inf. nach § 102, 2 als Subjekt im Nominalsatz fungiert. MT. Perf. cons. וְשַׁבְתִּי *u̯ᵉšaḇtî* „und ich werde zurückkehren“; BHK.[3].

12. Der Dekalog

20, 1. 2 [1]וַיְדַבֵּר אֱלֹהִים אֵת כָּל־הַדְּבָרִים [2]הָאֵלֶּה לֵאמֹר׃ [3]אָֽנֹכִי
יְהוָה אֱלֹהֶיךָ אֲשֶׁר [4]הוֹצֵאתִיךָ מֵאֶרֶץ מִצְרַיִם מִבֵּית
3 עֲבָדִים׃ [5]לֹא [6]יִֽהְיֶה־לְךָ אֱלֹהִים אֲחֵרִים עַל־[7]פָּנָֽיַ׃
4 לֹא תַעֲשֶׂה־לְךָ פֶסֶל וְכָל־תְּמוּנָה אֲשֶׁר בַּשָּׁמַיִם [8]מִמַּעַל
5 וַאֲשֶׁר בָּאָרֶץ [9]מִתָּחַת וַאֲשֶׁר בַּמַּיִם [10]מִתַּחַת לָאָרֶץ׃ לֹא־
[11]תִשְׁתַּחֲוֶה לָהֶם וְלֹא [12]תָעָבְדֵם כִּי אָנֹכִי יְהוָה אֱלֹהֶיךָ
אֵל קַנָּא [13]פֹּקֵד עֲוֹן אָבֹת עַל־בָּנִים [14]–עַל־שִׁלֵּשִׁים וְעַל
6 רִבֵּעִים לְשֹׂנְאָי–[14]׃ [15]וְעֹשֶׂה חֶסֶד [16]לַאֲלָפִים לְאֹהֲבַי
7 [17]וּלְשֹׁמְרֵי מִצְוֹתָי׃ לֹא [18]תִשָּׂא אֶת־[19]שֵׁם־יְהוָה אֱלֹהֶיךָ

Ex. 20, 1—17: [1] Zur Aufhebung der Gemination vgl. § 28, 3b. — [2] Vgl. § 97, 2a. — [3] Die folgende Gebotsreihe weist — durch zwei verschiedene Verseinteilungen bedingt — eine doppelte Akzentuierung auf; vgl. § 15, 3. Morphologisch und synt. ist hier das System berücksichtigt, das mit der üblichen Verseinteilung in MT. übereinstimmt. — [4] Zur suff. Form s. § 85, 8c; zur Kongruenz zwischen dem Subjekt des Attributsatzes und seinem Beziehungswort vgl. das in § 115, 4c Gesagte. — [5] Apodiktisches Verbot nach § 100, 4e. — [6] Zum Sg. vgl. § 94, 5c. — [7] Hierfür in der zweiten Akzentuierung K. פָּנָי. — [8] Adv.: „oben". — [9] P.-Form für K. מִתַּחַת „unten". — [10] Präposition nach § 87, 4. — [11] Rudimentäres Hištaf'al; § 82, 5c. — [12] Zur Aussprache *tå'ăḇḏēm* s. §§ 29, 2b; 73, 1b. Synt. wohl Ho.: „du sollst dich nicht zu ihrem Dienst zwingen lassen", eine Pass.-Bildung mit Akk.-Objekt nach § 109, 2a. — [13] Dagesch lene nach Klein-Zaqef; § 15, 2a (5). — [14–14] Zur Gen.-Umschreibung s. § 97, 3f. — [15] Part. mit verbaler Rektion; § 104, 1a. — [16] Wörtlich: „Tausenden, die ..."; hierfür: „bis ins tausendste Geschlecht derer, die ...". — [17] Nominalrektion beim Part.; § 104, 1a. — [18] Wz. נשא; § 83, 1a. — [19] Zum Meteg vor Maqqef s. § 16, 1. — [20] Vgl. § 52, 3c. — [21] Wz. נקה; § 82, 4a. Zum fut. Aspekt s. § 100, 2b. — [22–22] Attributsatz als Objekt; § 115, 5a. — [23] Inf. abs. als

[20]לַשָּׁוְא כִּי לֹא [21]יְנַקֶּה יְהוָה [22]–אֵת אֲשֶׁר־יִשָּׂא אֶת־שְׁמוֹ
8. 9 לַשָּׁוְא –[22] ׃ [23]זָכוֹר אֶת־יוֹם הַשַּׁבָּת לְקַדְּשׁוֹ ׃ [24]שֵׁשֶׁת
10 יָמִים [25]תַּעֲבֹד [26]וְעָשִׂיתָ [27]כָּל־מְלַאכְתֶּךָ ׃ [28]וְיוֹם הַשְּׁבִיעִי
שַׁבָּת לַיהוָה אֱלֹהֶיךָ לֹא־תַעֲשֶׂה כָל־מְלָאכָה אַתָּה [29]וּבִנְךָ־
[30]וּבִתֶּךָ עַבְדְּךָ וַאֲמָתְךָ [31]וּבְהֶמְתֶּךָ וְגֵרְךָ אֲשֶׁר בִּשְׁעָרֶיךָ ׃
11 כִּי [32]שֵׁשֶׁת־יָמִים עָשָׂה יְהוָה אֶת־הַשָּׁמַיִם וְאֶת־הָאָרֶץ אֶת־
הַיָּם וְאֶת־כָּל־אֲשֶׁר־בָּם [33]וַיָּנַח בַּיּוֹם הַשְּׁבִיעִי עַל־כֵּן
12 [34]בֵּרַךְ יְהוָה אֶת־יוֹם הַשַּׁבָּת [35]וַיְקַדְּשֵׁהוּ ׃ כַּבֵּד אֶת־
[36]אָבִיךָ וְאֶת [37]אִמֶּךָ [38]–לְמַעַן יַאֲרִכוּן יָמֶיךָ–[38] עַל הָאֲדָמָה
13. 14 אֲשֶׁר־יְהוָה אֱלֹהֶיךָ [39]נֹתֵן לָךְ ׃ לֹא [40]תִרְצָח ׃ לֹא תִנְאָף ׃
15-17 [41]–לֹא תִגְנֹב –[41] ׃ [42]–לֹא־תַעֲנֶה בְרֵעֲךָ עֵד שָׁקֶר –[42] ׃ לֹא
תַחְמֹד בֵּית רֵעֶךָ לֹא־תַחְמֹד אֵשֶׁת [43]רֵעֶךָ וְעַבְדּוֹ וַאֲמָתוֹ
וְשׁוֹרוֹ וַחֲמֹרוֹ וְכֹל אֲשֶׁר לְרֵעֶךָ ׃

Imp. mit verbaler Rektion; § 103, 3. 5. — [24] Vgl. § 99, 2a; zum Akk. der zeitlichen Ausdehnung s. § 106, 2b. — [25] Vgl. § 100, 4e. — [26] Perf. cons.; § 101, 6a. — [27] Dagesch lene nach Ṭifḥa; § 15, 2a (8). — [28] Zur Determination s. § 97, 2a. — [29] S. § 58, 4. — [30] P.-Form bei Rebia'; §§ 15, 2a (7); 58, 5. — [31] P.-Form bei Klein-Zaqef; § 15, 2a (5). — [32] S. Anm. 24. — [33] Wz. נוח; § 80, 3c. — [34] Vgl. §§ 66, 3a; 74, 1b. 3. — [35] Vgl. § 28, 3b. — [36] S. § 58, 1. — [37] P.-Form, K. אִמְּךָ; § 51, 1. — [38–38] Wörtlich: „damit deine [Lebens-]Tage lang seien . . .“; zur erstarrten Ind.-Endung s. § 63, 5a. — [39] Der Zeitstufe nach neutral (§ 104, 1b), fungiert das Part. hier als Fut.: „das Jahwe . . . dir geben wird“. — [40] Gegen § 14, 5 steht in BHK.[3] in den folgenden drei Formen Rafe, um die Aufhebung eines Dagesch lene anzuzeigen: תִּרְצָח, תִּנְאָף, תִּגְנֹב. — [41–41] Gedacht ist wohl ursprünglich an Menschenraub; A. Alt, Kleine Schriften zur Geschichte des Volkes Israel I (1953), 333 bis 340. — [42–42] Übersetze: „Du sollst nicht . . . als falscher Zeuge aussagen.“ — [43] P.-Form bei Rebia'; § 15, 2a (7).

13. Davids Klage über Saul und Jonathan

1, 19 [1–]הַצְּבִי יִשְׂרָאֵל עַל־בָּמוֹתֶיךָ חָלָל[–1] אֵיךְ [2]נָפְלוּ גִבּוֹרִים׃
20 [3]אַל־[4]תַּגִּידוּ בְגַת [3]אַל־תְּבַשְּׂרוּ [3a]בְּחוּצֹת אַשְׁקְלוֹן
[5]פֶּן־תִּשְׂמַחְנָה בְּנוֹת פְּלִשְׁתִּים [5]פֶּן־תַּעֲלֹזְנָה בְּנוֹת הָעֲרֵלִים׃
21 [6–]הָרֵי בַגִּלְבֹּעַ[–6]
[7–]אַל־טַל וְאַל־מָטָר עֲלֵיכֶם[–7] [8]שְׂדֵי מָוֶת*
כִּי שָׁם נִגְעַל מָגֵן גִּבּוֹרִים מָגֵן שָׁאוּל בְּלִי [9]מָשׁוּחַ* [10]בַּשָּׁמֶן׃
22 [11]מִדַּם חֲלָלִים [11]מֵחֵלֶב גִּבּוֹרִים
קֶשֶׁת יְהוֹנָתָן לֹא [12]נָשׁוֹג אָחוֹר
וְחֶרֶב שָׁאוּל לֹא תָשׁוּב רֵיקָם׃
23 שָׁאוּל וִיהוֹנָתָן [13–]הַנֶּאֱהָבִים וְהַנְּעִימִם[–13]
בְּחַיֵּיהֶם וּבְמוֹתָם לֹא [14]נִפְרָדוּ
[15–]מִנְּשָׁרִים [16]קַלּוּ מֵאֲרָיוֹת [17]גָּבֵרוּ[–15]׃
24 בְּנוֹת יִשְׂרָאֵל אֶל־שָׁאוּל [18]בְּכֶינָה
[19]הַמַּלְבִּשְׁכֶם [20]שָׁנִי עִם־עֲדָנִים

---

2 S. 1, 19–27: [1–1] Zusammengesetzter Nominalsatz nach § 92, 4a: „Der Stolz [des Landes], o Israel — auf deinen Höhen [liegt er] erschlagen.“ — [2] Präs.-Perf.; § 101, 2a. — [3] Proh.; § 100, 4d. — [3a] Dagesch lene nach Ṭifḥa; § 15, 2a (8). — [4] Wz. נגד; § 76, 2a. — [5] Vgl. § 117, 2b. — [6] Zur Gen.-Verbindung mit Präfix vgl. § 97, 3d: „ihr Berge von Gilboa“. — [7–7] Elliptische Ausdrucksweise: „nicht Tau, nicht Regen auf euch ...!“. — [8] Vgl. BHK.[3]; MT. וּשְׂדֵי תְרוּמֹה „und Gefilde des Hebeopfers“ (?). — [9] MT. מָשִׁיחַ; BHK.[3] — [10] P.-Form, K. בַּשֶּׁמֶן; § 21, 3b. Zur Determination vgl. § 96, 4d. — [11] מִן (§ 87, 3a): „ohne“. — [12] Wz. שׂוג; § 80, 4c. — [13–13] Apposition; § 98, 1a. — [14] P.-Form; § 69, 2d. — [15–15] Zwei asyndetische Attributsätze; § 115, 2a: „sie, die ...“. — [16] Wz. קלל; § 79, 2c. Komparativ nach § 98, 3a: „die schneller waren als ...“. — [17] P.-Form vom Typus qatil; § 68, 1a. 2f. Komparativ nach Anm. 16. —

הַמַּעֲלֶה עֲדִי זָהָב עַל לְבוּשְׁכֶֽן׃

25 אֵיךְ [21]נָֽפְלוּ גִבֹּרִים בְּתוֹךְ הַמִּלְחָמָ֑ה

יְהוֹנָתָן עַל־בָּמוֹתֶיךָ חָלָֽל׃

26 [22]צַר־לִי עָלֶיךָ [23]אָחִי יְהוֹנָתָן נָעַמְתָּ [24]לִּי מְאֹ֑ד

[25]נִפְלְאַתָה אַהֲבָתְךָ לִי [26]מֵאַהֲבַת נָשִֽׁים׃

27 אֵיךְ נָֽפְלוּ [27]גִבּוֹרִים וַיֹּאבְדוּ [28]כְּלֵי מִלְחָמָֽה׃

---

[18] Wz. בכה: § 82, 2f. — [19] Zum Artikel beim Part. mit verbaler Rektion vgl. § 104, 1a: „der euch gekleidet hat ...". — [20] Zum Akk. vgl. § 105, 1a. — [21] S. Anm. 2. — [22] Zu neutrischem צַר לִי „es ist mir leid" vgl. § 79, 1c. 2c. — [23] S. § 58, 2. — [24] Zum Dagesch forte vgl. § 14, 2b. — [25] Die Form *nifl*^{e}*'āṯā* ist Analogiebildung zu III יו (vgl. P. נִגְלָתָה) mit sekundärer Laryngalrestitution; zu erwarten wäre נִפְלָאת (Ps. 118, 23) < **napala'at*. — [26] Komparativ nach § 98, 3a: „wunderbarer ... als". — [27] Man beachte im gesamten Gedicht das archaische Zurücktreten des Artikels; § 96, 1. — [28] Dagesch lene nach Ṭifḥa; § 15, 2a (8).

14. Die tugendsame Hausfrau

31, 10 [1]־אֵשֶׁת־חַיִל־[1] [2]־מִי יִמְצָא־[2] [3]וְרָחֹק מִפְּנִינִים מִכְרָהּ׃
11 [4]בָּטַח בָּהּ לֵב בַּעְלָהּ [5]וְשָׁלָל לֹא [6]יֶחְסָר׃
12 [7]גְּמָלַתְהוּ טוֹב וְלֹא־רָע כֹּל יְמֵי חַיֶּיהָ׃
13 דָּרְשָׁה צֶמֶר וּפִשְׁתִּים וַתַּעַשׂ [8]־בְּחֵפֶץ כַּפֶּיהָ־[8]׃
14 [9]הָיְתָה כָּאֳנִיּוֹת סוֹחֵר מִמֶּרְחָק תָּבִיא לַחְמָהּ׃
15 וַתָּקָם [10]־בְּעוֹד לַיְלָה־[10] וַתִּתֵּן [11]טֶרֶף לְבֵיתָהּ[12]׃
16 [13]זָמְמָה שָׂדֶה וַתִּקָּחֵהוּ מִפְּרִי כַפֶּיהָ [14]נָטְעָה [15]כָּרֶם׃
17 חָגְרָה בְעוֹז מָתְנֶיהָ וַתְּאַמֵּץ זְרֹעוֹתֶיהָ׃
18 טָעֲמָה [16]כִּי־טוֹב סַחְרָהּ לֹא־יִכְבֶּה [16a]בַלַּיְל נֵרָהּ׃
19 יָדֶיהָ שִׁלְּחָה [17]בַכִּישׁוֹר וְכַפֶּיהָ [17a]תָּמְכוּ [18]פָלֶךְ׃

Prv. 31, 10—31, ein akrostichisches Gedicht, in dem jede Verszeile mit einem Buchstaben des Alphabets beginnt: [1–1] Gen.-Verbindung nach § 97, 4d: „eine wackere Frau". — [2–2] Rhetorische Frage als Überleitung. — [3] רָחֹק מִן „wertvoller als"; § 98, 3a. — [4] Präs. nach § 101, 2b. — [5] Akk.-Objekt nach § 105, 2a: „Gewinn". — [6] P.-Form, K. יֶחְסַר; §§ 68, 2a; 73, 2a. — [7] Zum doppelten Akk.-Objekt vgl. § 105, 4c. — [8–8] Wörtlich: „mit der Freude ihrer Hände" = „mit willigen Händen". — [9] Vgl. Anm. 4: „sie gleicht". — [10–10] Wörtlich: „in der Dauer der Nacht" = „während [es] noch Nacht [ist]"; § 86, 9c. — [11] טֶרֶף III: „Speise". — [12] MT. zusätzlich: וְחֹק לְנַעֲרֹתֶיהָ „und den Pflichtteil ihren Mägden". — [13] Vgl. Anm. 4: „sie trachtet nach . . .". — [14] So mit dem Qere. MT. נָטְעָ mit Ketib נְטַע „Pflanzung von . . ."; vgl. BHK.[3]. — [15] P.-Form zu K. כֶּרֶם mit Dagesch lene, das anscheinend durch das vorangehende Ketib נְטַע bzw. durch den Konsonantentext bedingt ist. — [16] Dagesch lene nach Deḥi; § 15, 2b (9). — [16a] Ketib בַּלַּיִל, Qere בַּלַּיְלָה. — [17] Zur Bedeutung „Spinnwirtel" vgl. Koehler, 434. — [17a] Dagesch lene nach Rebiaʿ. — [18] P.-Form zu K. פֶּלֶךְ „Spindel". — [18a] P.-Form;

20 כַּפָּהּ פָּֽרְשָׂה לֶעָנִי וְיָדֶיהָ שִׁלְּחָה לָאֶבְיוֹן׃
21 לֹא־תִירָא לְבֵיתָהּ מִשָּׁלֶג כִּי כָל־בֵּיתָהּ לָבֻשׁ
[[18a]שְׁנַיִם* ׃
22 מַרְבַדִּים עָֽשְׂתָה־[19]לָּהּ שֵׁשׁ וְאַרְגָּמָן לְבוּשָׁהּ׃
23 נוֹדָע בַּשְּׁעָרִים בַּעְלָהּ בְּשִׁבְתּוֹ עִם־זִקְנֵי־אָֽרֶץ׃
24 סָדִין עָֽשְׂתָה וַתִּמְכֹּר וַחֲגוֹר נָֽתְנָה [20]לַכְּנַעֲנִי׃
25 עֹז־וְהָדָר לְבוּשָׁהּ וַתִּשְׂחַק לְיוֹם אַחֲרוֹן׃
26 פִּיהָ פָּֽתְחָה בְחָכְמָה [21-]וְתֽוֹרַת־חֶסֶד[-21] עַל־לְשׁוֹנָהּ׃
27 [22]צוֹפִיָּה הֲלִיכוֹת בֵּיתָהּ וְלֶחֶם עַצְלוּת לֹא תֹאכֵל׃
28 [23-]קָמוּ בָנֶיהָ וַֽיְאַשְּׁרוּהָ בַּעְלָהּ וַֽיְהַלְלָהּ[-23]׃
29 רַבּוֹת בָּנוֹת [24-]עָשׂוּ חָיִל[-24] וְאַתְּ עָלִית עַל־[25]כֻּלָּֽנָה׃
30 שֶׁקֶר הַחֵן וְהֶבֶל הַיֹּפִי [26-]אִשָּׁה יִרְאַת־יְהוָה הִיא
[[27]תִּתְהַלָּל[-26] ׃
31 תְּנוּ־לָהּ מִפְּרִי יָדֶיהָ [28]וִיהַלְלוּהָ בַשְּׁעָרִים [29]מַעֲשֶׂיהָ׃

---

§ 59, 1: „doppelt". MT. שָׁנִים „in Scharlach"; BHK.³. — [19] Refl. nach § 110,2a. — [20] Hier in der Bedeutung „Krämer"; zur Endung vgl. § 41, 4. — [21–21] Zur Gen.-Verbindung „milde Unterweisung" vgl. § 97, 4d. — [22] Wz. צפה; § 82, 2i. Das Part. *ṣōfīįā* wird hier parallel zu לֹא תֹאכֵל für ein Verbum finitum gebraucht: „sie überwacht"; vgl. hierzu § 104, 3. — [23–23] Zwei konditionale Perioden, wobei der zweite Bedingungssatz unvollständig ist: „Wenn ihre Söhne auftreten, preisen sie sie, und ihr Mann, dann rühmt er sie"; zur Reihenfolge Perf.-Imperf. cons. vgl. § 122, 2c. — [24–24] Präs.: „erzeigen sich tatkräftig"; vgl. Anm. 4. — [25] Zur Form vgl. § 46, 2c. — [26–26] Zusammengesetzter Nominalsatz nach § 92, 4b. — [27] P.-Form zu K. תִּתְהַלֵּל oder תִּתְהַלֵּל; § 70, 2b. — [28] Unpersönliches Subjekt „man"; § 94, 8a. Zum auffordernden Imperf. vgl. § 100, 4e. — [29] Akk. der Beziehung; § 106, 2d. Synt. kann מַעֲשֶׂיהָ auch Subjekt sein; dem Parallelismus membrorum entspricht jedoch eher die erste Auffassung.

III. Unpunktierte kanonische Texte

15. Der Bundesschluß unter Josua

24, 1 ויאסף יהושע את כל שבטי ישראל [1]שכמה ויקרא לזקני
ישראל ולראשיו ולשפטיו ולשטריו ויתיצבו לפני
2 האלהים : ויאמר יהושע אל כל העם כה אמר יהוה
אלהי ישראל [2]בעבר הנהר ישבו אבותיכם מעולם
[3-]תרח אבי אברהם ואבי נחור[-3] ויעבדו אלהים אחרים :
3 [4]ואקח את אביכם [5-]את אברהם[-5] מעבר הנהר [6]ואולך
אותו בכל [7-]ארץ כנען[-7] [8]וארב את זרעו [9]ואתן לו את
4 יצחק : ואתן ליצחק את יעקב ואת עשו ואתן לעשו את
[10-]הר שעיר[-10] [11]לרשת אותו ויעקב ובניו ירדו מצרים :
5 ואשלח את משה ואת אהרן [12]ואגף את מצרים כאשר
6 עשיתי בקרבו ואחר [13]הוצאתי [14]אתכם : ואוציא את
אבותיכם ממצרים [15]ותבאו [16]הימה וירדפו מצרים אחרי
7 אבותיכם ברכב ובפרשים ים סוף : [17]ותצעקו· [18-]אל

Jos. 24, 1—33: [1] Lokaladv. P. שְׁכֶמָה; vgl. § 45, 3c. — [2] Einsatz der direkten Rede; tib. durch Segolta (§ 15, 2a [3]) angedeutet. — [3–3] Apposition nach § 98, 2. — [4] Wz. לקח § 76, 3a. — [5–5] S. Anm. 3. — [6] Wz. הלך; § 78, 9b. — [7–7] Vgl. § 97, 4d. — [8] Wz. רבה; Ketib וָאֶרֶב; § 82, 5a. — [9] Wz. נתן; § 76, 3a. — [10–10] Gen.-Verbindung nach § 97, 4d. — [11] Wz. ירש; § 78, 3d. Zur Inf.-Konstruktion vgl. § 102, 4a. — [12] Wz. נגף mit iaqtul-Imperf.; § 76, 3a. — [13] Wz. יצא; § 83, 4 — [14] Vgl. § 87, 3b. — [15] Wz. בוא; § 83, 6. — [16] Lokaladv. P. הַיָּמָה; vgl. § 45, 3c. — [17] MT. ויצעקו; vgl. BHK.[3]. — [18–18] Übergang von der ersten zur dritten Person. — [19] Wz. שים; § 80, 3c. — [20] Imperf. cons. Hi.; § 83, 6. — [21] Wz. כסה; §§ 82, 4a; 85, 7. Das Imperf. cons. bezieht sich auf vorhergehendes הים: „so daß . . .“. — [22] Wz. ראה; § 82, 2a. — [23–23] Vgl. zum relativischen Objektssatz § 115,

יהוה [19]וישם מאפל ביניכם ובין המצרים [20]ויבא עליו
את הים[–18] [21]ויכסהו [22]ותראינה עיניכם [23–]את אשר
[24]עשיתי במצרים[–23] [25]ותשבו במדבר [26–]ימים רבים[–26] :
8 [27]ואבאה אתכם אל ארץ [28]האמרי היושב בעבר הירדן
[29]וילחמו אתכם ואתן אותם [30]בידכם [31]ותירשו את ארצם
9 ואשמידם מפניכם : [32]ויקם בלק בן צפור מלך מואב
וילחם [33]בישראל [34–]וישלח ויקרא[–34] לבלעם בן בעור
10 [35]לקלל אתכם : ולא [36]אביתי לשמע לבלעם ויברך
11 [37]ברוך אתכם [38]ואצל אתכם מידו : ותעברו את הירדן
ותבאו אל יריחו וילחמו בכם בעלי יריחו [39] ואתן אותם
12 בידכם : ואשלח לפניכם את [40]הצרעה ותגרש אותם
מפניכם [41–]שני מלכי האמרי[–41] לא [42]בחרבכם* ולא
13 [43]בקשתכם* : ואתן לכם ארץ אשר לא [44]יגעתם* בה
וערים אשר לא בניתם [45]ותשבו בהם [46–]כרמים וזיתים
14 אשר לא נטעתם אתם אכלים[–46] : ועתה [47]יראו את
יהוה ועבדו אתו בתמים ובאמת [48]והסירו את [49]האלהים*
אשר עבדו אבותיכם בעבר הנהר ובמצרים ועבדו את
15 יהוה : [50–]ואם רע בעיניכם לעבד את יהוה[–50] בחרו
לכם [51]היום [52]את מי [53]תעבדון [54–]אם את [49]האלהים*
אשר עבדו אבותיכם אשר בעבר הנהר ואם את אלהי
האמרי אשר אתם ישבים [55]בארצם ואנכי וביתי נעבד את

5a. — [24] Wiederaufnahme der ersten Person. — [25] Wz. ישב; § 78, 3a. — [26–26] Akk. der zeitlichen Ausdehnung; § 106, 2b. — [27] Imperf. cons. Hi. nach § 83, 6; zur Endung vgl. § 68, 2c. — [28] Das Kollektivum kann gleichzeitig als Sg. und Pl. fungieren; § 94, 3c. — [29] Imperf. cons. Ni.; § 74, 1a. — [30] Vgl. § 49, 1, — [31] Wz. ירש; § 78, 3d. — [32] Wz. קום; § 80, 3c. — [33] Hierfür sollte man *בכם erwarten. — [34–34] Vgl. § 108, 3b: „und er ließ rufen . . .". — [35] Vgl. § 102, 4a. — [36] Wz. אבה; § 83, 3a. — [37] Inf. abs. Pi.; zur Redefigur vgl. § 103, 4b. — [38] Wz. נצל; § 76, 2a. — [39] In MT. folgt eine Aufzählung von Völkernamen; vgl. BHK.³ zur Stelle. — [40] Vgl. § 96, 4d. — [41–41] Apposition nach § 98, 2; zu האמרי vgl. § 96, 4c. — [42] MT. בחרבך; BHK.³. — [43] MT. בקשתך; BHK.³. — [44] MT. יגעת; BHK.³. — [45] Wz. ישב; § 78, 3a. — [46–46] Zusammengesetzter Nominalsatz nach § 92,

16 יהוה–[54] : [56]ויען העם ויאמר חלילה לנו [57]מעזב את
17 יהוה [58]לעבד אלהים אחרים : כי יהוה אלהינו [59]הוא
[60]המעלה אתנו ואת אבותינו מארץ מצרים מבית עבדים
ואשר עשה לעינינו את האתות הגדלות האלה [61]וישמרנו
בכל הדרך אשר הלכנו [62]בה ובכל העמים אשר עברנו
18 [62]בקרבם : [63]ויגרש יהוה את כל העמים ואת האמרי
[64]ישב [65]הארץ מפנינו גם [66]אנחנו נעבד את יהוה כי הוא
19 אלהינו : ויאמר יהושע אל העם לא [67]תוכלו לעבד
את יהוה כי אלהים קדשים הוא אל [68]קנוא הוא לא
20 [69]ישא לפשעכם ולחטאותיכם : [70]כי תעזבו את יהוה
[71]ועבדתם אלהי נכר [72]–ושב [73]והרע לכם וכלה אתכם–[72]
21 [74]אחרי אשר [75]היטיב לכם : ויאמר העם אל יהושע
22 [76]לא כי את יהוה נעבד : ויאמר יהושע אל העם
[77]עדים אתם בכם כי אתם בחרתם לכם את יהוה לעבד
23 אותו ויאמרו [78]עדים : ועתה הסירו את אלהי הנכר
אשר בקרבכם [79]והטו את לבבכם אל יהוה אלהי ישראל:
24 ויאמרו העם אל יהושע את יהוה אלהינו נעבד ובקולו
25 נשמע : ויכרת יהושע ברית לעם ביום ההוא [80]וישם

4b. — [47] Wz. ירא: Imp. יְראוּ; § 83, 4b. — [48] Wz. סור; § 80, 6b. — [49] MT. אלהים; vgl. BHK.³ und § 105, 1b. — [50–50] Vgl. §§ 102, 4b; 122, 3b. — [51] Vgl. § 86, 7a. — [52] Abhängige Frage nach § 114, 3a. — [53] Zum alten Ind. ohne modales Eigengewicht vgl. § 63, 5a. — [54–54] Periode mit zwei elliptischen und disjunktiven Bedingungssätzen sowie dem durch Waw cop. (§ 122, 1) angeschlossenen Hauptsatz: אם ... ואם ... ואנכי. — [55] Pl.-Suffix mit Bezug auf kollektives האמרי; zum Rückverweis im Attributsatz § 115, 4c. — [56] Wz. ענה; § 82, 2c. — [57] Zum Inf. nach Präpositionen vgl. allgemein § 102, 3. — [58] Finaler Inf. nach § 102, 4a. — [59] Zur Kopula im Nominalsatz vgl. § 90, 6b. — [60] Vgl. § 104, 1a. — [61] Vgl. § 84, 2b. — [62] Pronominaler Rückverweis nach § 115, 4c. — [63] Imperf. cons. Pi. mit Pänultimadruck; § 74, 3. — [64] Tib. Part. Akt. Qal; zum Fehlen des Artikels beim Attribut vgl. § 97, 2a. — [65] Akk.-Objekt nach § 105, 2b. — [66] Vgl. § 93, 2b; mit גם אנחנו beginnt ein neuer Satz. — [67] Vgl. zur Form § 68, 2a. — [68] Zu *qannō* vgl. § 23, 1a; R. Meyer, Vetus Testamentum 6 (1957), 142ff. — [69] Wz. נשא; § 83, 1a. — [70] Vgl.

לו חק ומשפט בשכם : ויכתב יהושע את הדברים האלה 26
בספר תורת אלהים ויקח אבן גדולה [81]ויקימה שם תחת
האלה אשר במקדש יהוה : ויאמר יהושע אל כל העם 27
הנה האבן הזאת תהיה בנו לעדה כי היא שמעה את כל
אמרי יהוה אשר דבר עמנו והיתה בכם לעדה פן
[82]תכחשון באלהיכם : [83]וישלח יהושע את העם [84]-איש 28
לנחלתו-[84] :

---

§ 122, 3a. — [71] Perf. cons.; § 101, 6a. — [72–72] Zum Perf. cons. im Nachsatz vgl. § 122, 3c. Das regierende Verbum **ושב** hat nur modalen Charakter in der Bedeutung von „wiederum"; § 108, 1. 3b. — [73] Wz. **רעע**; § 79, 5c. — [74] Temporale Konjunktion nach § 121, 2a. b. — [75] Denominative Wz. **טוב**; §§ 80, 3f. und 78, 7b. — [76] Vgl. § 111, 3. — [77] Fragesatz ohne einführende Partikel nach § 111, 1c. — [78] Bejahende Antwort durch Wiederholung des entscheidenden Wortes; § 111, 3. — [79] Wz. **נטה**; § 83, 2a. — [80] Wz. **שים**; § 80, 3c. — [81] § 85,5. — [82] S. Anm. 53. — [83] Pi.; § 75, 3a. — [84–84] Distributiv: „einen jeden nach seinem Erbteil".

16. Das Ende der davidisch-salomonischen Personalunion

12. 1 [1]וילך רחבעם [2]שכם כי [2]שכם בא כל ישראל להמליך
3b. 4 אתו : [3]וידברו אל רחבעם לאמר : אביך הקשה את
עלנו ואתה עתה [4]–הקל מעבדת אביך הקשה ומעלו
5 הכבד–[4] אשר נתן עלינו [5]ונעבדך : ויאמר אליהם לכו
6 [6]עד שלשה ימים ושובו אלי וילכו העם : [7]ויועץ
[8]–המלך רחבעם–[8] את הזקנים אשר [9]היו עמדים את
פני שלמה אביו [10]בהיתו חי לאמר איך אתם [11]נועצים
7 [12]להשיב את העם הזה דבר: [12a]וידברו* אליו לאמר אם
היום תהיה עבד לעם הזה [13]ועבדתם ועניתם [14]ודברת
אליהם דברים טובים [15]והיו לך עבדים [16]–כל הימים–[16] :
8 ויעזב את עצת הזקנים אשר יעצהו ויועץ את [17]הילדים
9 אשר גדלו אתו [18] העמדים לפניו : ויאמר אליהם מה
אתם נועצים ונשיב דבר את העם הזה אשר [19]דברו אלי
10 לאמר הקל מן העל אשר נתן אביך עלינו : וידברו
אליו הילדים אשר [20]גדלו אתו לאמר כה תאמר לעם
הזה אשר דברו אליך לאמר אביך הכביד את עלנו

---

1 R. 12, 1–19: [1] Wz. הלך; § 78, 9a. — [2] Akk. der Richtung nach § 106, 2a. — [3] Zur Form vgl. § 28, 3b. — [4] Wz. קלל; § 79, 5b. Nachfolgendes מן ist im Anschluß an § 98, 3a komparativisch aufzufassen: „mache leichter als den schweren Dienst für deinen Vater und als sein schweres Joch ... [deinen Frondienst]". — [5] Zum Suffix vgl. § 84, 2d. 6a. — [6] עַד für עֹד; BHK.³. — [7] Wz. יעץ; § 78, 4a. — [8–8] Vgl. § 98, 1a. — [9] Plusquamperf. nach § 101, 3c. — [10] Zum Inf. nach Präpositionen vgl. § 102, 3. — [11] Das Ni. ist hier nicht reziprok gebraucht, sondern fungiert wie der Grundstamm. — [12] Wz. שׁוב; § 80, 6d: השׁיב ... דבר „antworten". — [12a] So nach dem Qere וַיְדַבְּרוּ; BHK.³. — [13] Perf. cons.; § 101, 6a. — [14] Zur Akzentlage *ṷᵉdibbartā́* vgl. § 68, 2g. — [15] Beginn des Nachsatzes mit Perf. cons. nach § 122, 3c. — [16–16] Adv.Akk.; § 106, 2b. — [17] Hier in der Bedeutung „junge Männer". — [18] MT. zusätzlich אשׁר; BHK.³. — [19] Pl. beim Kollektivum nach § 94, 3c. — [20] S. Anm. 9. — [21–21] Komparativischer Ausdruck;

[21]-ואתה הקל מעלינו-[21] כה [22]תדבר אליהם [23]קטני
11 [24]עבה ממתני אבי : ועתה אבי העמיס עליכם על כבד
ואני [25]אוסיף על עלכם אבי יסר אתכם בשוטים ואני
[26]איסר אתכם בעקרבים : [27]ויבו[28] כל העם אל רחבעם
ביום השלישי כאשר דבר המלך לאמר שובו אלי ביום
13 השלישי : [29]ויען המלך את העם [30]קשה ויעזב את עצת
14 הזקנים אשר [31]יעצהו : וידבר אליהם כעצת הילדים
לאמר אבי הכביד את עלכם ואני אסיף על עלכם אבי
15 יסר אתכם בשוטים ואני איסר אתכם בעקרבים : ולא
שמע המלך אל העם כי היתה סבה מעם יהוה למען
הקים את דברו אשר דבר יהוה ביד אחיה השילני אל
16 ירבעם בן נבט : [32]וירא כל ישראל כי לא שמע המלך
אליהם [33]וישבו העם את המלך דבר לאמר מה לנו חלק
בדוד ולא נחלה בבן ישי לאהליך ישראל עתה [34]ראה
18 ביתך דוד וילך ישראל לאהליו : וישלח המלך רחבעם
את [35]אדרם אשר על המס וירגמו כל ישראל בו אבן
[36]וימת [37]והמלך רחבעם [38]-התאמץ לעלות-[38] במרכבה
19 [39]לנוס [40]ירושלם : [41]ויפשעו ישראל בבית דוד עד
היום הזה :

---

wörtlich: „und du, mache leichter, als auf uns [liegt]!" = „du aber, mache es uns leichter!" — [22] Vgl. § 100, 4e. — [23] Tib. קְטָנִּי. — [24] Wz. עבה; Präs.-Perf. nach § 101, 2b. — [25] Wz. יסף; § 78, 7a. — [26] Imperf. Pi. nach § 78, 5. — [27] Qere וַיָּבוֹא. — [28] MT. zusätzlich, jedoch synt. schwierig: וְיָרָבְעָם; vgl. BHK.^{3}. — [29] Wz. ענה; § 82, 2c. — [30] Abstraktes F.; vgl. § 94, 2d. — [31] Plusquamperf. nach § 101, 3c; zur Form jeʿāṣûhū vgl. § 84, 2f. — [32] Wz. ראה; § 82, 2c. — [33] S. Anm. 12. — [34] Imp.; § 82, 2f. — [35] אֲדֹרָם für אֲדֹנִירָם. — [36] Wz. מות; § 80, 3c. Imperf. cons. im Folgesatz nach vorangehenden Imperf. cons. — [37] Adversativer Gebrauch von Waw cop. nach § 112, 2a: „Der König Rehabeam aber ...". — [38–38] Das regierende Verbum hat nach § 102, 4c modale Bedeutung: „er bestieg schleunigst ...". — [39] Finaler Inf.; vgl. § 102, 4a. — [40] Akk. der Richtung; § 106, 2a. — [41] Zum Pl. vgl. § 94, 5d.

17. Aus dem Buche Hiob

1, 1 [1-]איש היה בארץ עוץ[-1] איוב שמו והיה האיש ההוא
2 תם וישר וירא אלהים וסר מרע : [2]ויולדו לו שבעה
3 בנים ושלוש בנות : ויהי מקנהו שבעת אלפי צאן
ושלשת אלפי גמלים וחמש מאות צמד בקר וחמש מאות
אתונות [3]ועבדה רבה מאד ויהי האיש ההוא גדול מכל
4 בני קדם : [4]והלכו בניו ועשו משתה [5-]בית איש יומו[-5]
ושלחו וקראו [6]לשלשת [7]אחיתיהם לאכל ולשתות עמהם :
5 ויהי כי [8]הקיפו ימי המשתה וישלח איוב ויקדשם [9-]והשכים
בבקר והעלה עלות[-9] [10-]מספר כלם[-10] כי אמר איוב
אולי חטאו בני וברכו אלהים בלבבם ככה [11]יעשה איוב
6 כל הימים : ויהי [12]היום ויבאו בני האלהים להתיצב על
7 יהוה ויבוא גם השטן בתוכם : ויאמר יהוה אל השטן
[13]מאין תבא [14]ויען השטן [14]את יהוה ויאמר [15]משוט
8 בארץ ומהתהלך בה : ויאמר יהוה אל השטן [16]השמת
לבך על [17-]עבדי איוב[-17] כי [18]אין כמהו בארץ איש
9 תם וישר ירא אלהים וסר מרע : ויען השטן את יהוה

Hi. 1, 1—2, 10: [1–1] S. § 101, 3b. — [2] Ni. nach § 78, 4a. — [3] Zur Form vgl. § 43, 7. — [4] Zu dieser und den folgenden Perf.-Formen vgl. allgemein § 101, 3b: „und seine Söhne pflegten zu machen...“. — [5–5] Adv. Akk.: „ein jeder bei sich [und] an seinem Tage“; vgl. § 106, 2a. b. — [6] So gegen die Regel in § 99, 2a. — [7] Zur Form *'aḥi̯ōṯēhœm* vgl. § 58, 3. — [8] Wz. נקף; § 76, 2a. — [9–9] Syndetischer Modalsatz nach § 112, 3b: „indem er früh beizeiten Opfer darbrachte ... “; zu והשכים ... והעלה vgl. § 108, 3b. — [10–10] Adv. Akk. im Anschluß an § 106, 2c: „entsprechend ihrer aller Zahl“. — [11] Präs.-Fut. nach § 100, 2a. b: „so pflegte zu tun ...“. — [12] Genereller Gebrauch des Artikels: „eines Tages“; vgl. § 96, 4d. — [13] Vgl. § 31, 2d. — [14] Zum Objekts-Akk. vgl. § 105, 4c. — [15] שוט; § 80, 3g. Zur synt. Abhängigkeit des Inf. cstr. von Präpositionen vgl. § 102, 3. — [16] Wz. שים; § 80, 3f. Zum Fragesatz vgl. § 111, 1a. — [17–7] Vgl. § 98, 1a. — [18] Zur Negation im Nominalsatz vgl. § 90, 4; zum St. cstr. vor Präposi-

10 ויאמר [19]החנם ירא איוב אלהים : הלא את [20]שכת
בעדו ובעד ביתו ובעד כל אשר לו מסביב מעשה ידיו
11 ברכת ומקנהו פרץ בארץ : ואולם שלח נא ידך [21]וגע
12 בכל אשר לו [22]אם לא על פניך [23]יברכך : ויאמר יהוה
אל השטן הנה כל אשר לו בידך רק אליו אל תשלח
13 ידך [24]ויצא השטן מעם פני יהוה : ויהי היום ובניו ובנתיו
14 [25]אכלים [25]ושתים [26] בבית אחיהם הבכור : ומלאך בא
אל איוב ויאמר הבקר היו [27]חרשים* והאתנות רעות על
15 ידיהם : [28]ותפל שבא ותקחם ואת הנערים [29]הכו לפי
16 חרב [30]ואמלטה רק אני לבדי [31]להגיד [32]לך : [33–]עוד
זה מדבר וזה בא [–33] ויאמר אש אלהים נפלה מן השמים
ותבער בצאן ובנערים [34]ותאכלם ואמלטה רק אני לבדי
17 להגיד לך : עוד זה מדבר וזה בא ויאמר כשדים שמו
שלשה [35]ראשים ויפשטו על הגמלים [36]ויקחום ואת
הנערים הכו לפי חרב ואמלטה רק אני לבדי להגיד
18 לך : [37]עוד* זה מדבר וזה בא ויאמר בניך ובנותיך
19 אכלים ושתים[38] בבית אחיהם הבכור: והנה רוח גדולה
[39]באה מעבר המדבר ויגע בארבע פנות הבית ויפל על
הנערים וימותו ואמלטה רק אני לבדי להגיד לך :
20 [40]ויקם איוב ויקרע את מעלו [41]ויגז את ראשו ויפל
[42]ארצה [43]וישתחו :
21 ויאמר

---

tionen s. § 97, 3d. — [19] Vgl. § 111, 1a. — [20] Wz. שׂוך; § 80, 3f. — [21] Wz. נגע; § 76, 3b. — [22] Vgl. § 122, 5b. — [23] Suff. Energ. nach § 84, 2d. בֵּרֵךְ ist in Hi. 1, 5. 11; 2, 5. 9 wohl Euphemismus für „lästern" oder „fluchen". — [24] Vgl. § 83, 4. — [25] Zur Dominanz des M. beim Prädikat vgl. § 97. 2c. — [26] MT. zusätzlich יין; BHK.³. — [27] MT. חרשות; BHK.³. — [28] Zum Genus bei Völkernamen vgl. § 94, 2f. — [29] Wz. נכה; § 83, 2b. Zum Perf. vgl. § 100, 3a. — [30] Zum Energ. vgl. § 63, 5d. — [31] Wz. נגד; § 76, 2a. — [32] P.-Form; § 87, 2f. — [33–33] Zur Konstruktion vgl. § 121, 1a. — [34] Vgl. § 85, 2c. — [35] Hier in der Bedeutung „Abteilungen". — [36] Vgl. § 85, 1. — [37] MT. עַד; BHK.³. — [38] MT. zusätzlich יין; BHK.³. — [39] Perf.; § 83, 6. — [40] Vgl. § 80, 3c. — [41] Wz. גזז; § 79, 2a. — [42] Vgl. §§ 45, 3c; 106, 2a. — [43] S. § 82,

ערם יצתי מבטן אמי   וערם אשוב שמה
יהוה נתן ויהוה לקח   יהי שם יהוה מברך :

22 בכל זאת לא חטא איוב ולא נתן תפלה לאלהים :
2, 1 ויהי היום ויבאו בני האלהים להתיצב על יהוה ויבוא
2 גם השטן בתכם[44] : ויאמר יהוה אל השטן [45]אי מזה[45]
תבא ויען השטן את יהוה ויאמר [46]משט בארץ ומהתהלך
3 בה : ויאמר יהוה אל השטן השמת לבך אל עבדי
איוב כי אין כמהו בארץ איש תם וישר ירא אלהים וסר
מרע [47]ועדנו מחזיק בתמתו [48]ותסיתני בו לבלעו חנם :
4 ויען השטן את יהוה ויאמר עור בעד עור וכל אשר
5 לאיש יתן בעד נפשו : אולם שלח נא ידך וגע אל עצמו
6 ואל בשרו אם לא [49]עלי* פניך [50]יברכך : ויאמר יהוה
7 אל השטן [51]הנו בידך אך את נפשו [52]שמר : ויצא השטן
מאת פני יהוה [53]ויך את איוב בשחין רע מכף רגלו עד
8 [54]קדקדו : ויקח לו חרש להתגרד בו [55]והוא ישב
9 בתוך האפר[55] : ותאמר לו אשתו [56]עדך מחזיק
10 בתמתך [57]ברך אלהים [58]ומת : ויאמר אליה [59]כדבר
אחת[59] [60]מן* הנבלות תדברי גם [61]את* [62]את הטוב נקבל
מאת האלהים ואת הרע לא נקבל[62] בכל זאת לא חטא
איוב בשפתיו :

5c. — [44] MT. zusätzlich: להתיצב על יהוה. — [45–45] Interrogativadv. — [46] S. Anm. 15. — [47] Vgl. § 86, 9c. — [48] Wz. סות; § 85, 5. — [49] MT. אל; BHK.³. — [50] S. Anm. 23. — [51] Vgl. § 89, 2: *hinnō*. — [52] P.-Form nach § 68, 2e. — [53] Vgl. § 83, 2b. — [54] Zur Form s. § 39, 3. — [55–55] Nominaler Modalsatz nach § 112, 3a. — [56] Beginn eines Fragesatzes ohne einführende Partikel; § 111, 1c. — [57] S. Anm. 23. — [58] Vgl. § 80, 3e. — [59–59] Zum Inf.-Satz vgl. § 102, 3. — [60] Vgl. BHK.³ zur Stelle; MT. כדבר אחת הנבלות. — [61] Ergänzt nach BHK.³: „auch du". — [62–62] Rhetorische Frage ohne einführende Partikel; § 111, 1c.

18. Drohwort Jesajas gegen den Kult von Jerusalem

1, 10 שמעו דבר יהוה קציני [1]סדם האזינו תורת אלהינו עם
[2]עמרה :
11 למה לי רב זבחיכם יאמר יהוה שבעתי עלות אילים
וחלב מריאים ודם פרים וכבשים ועתודים לא חפצתי :
12 כי תבאו לראות פני מי בקש זאת מידכם [3]-רמס חצרי-[3] :
13 לא [4]-תוסיפו הביא-[4] מנחת [5]שוא [6]-קטרת [5]תועבה היא
לי-[6] [7]-חדש ושבת קרא מקרא לא אוכל און ועצרה-[7] :
14 חדשיכם ומועדיכם שנאה נפשי היו עלי לטרח נלאיתי
[8]נשא :
15 [9]-ובפרשכם כפיכם-[9] אעלים עיני מכם [10]-גם כי תרבו
תפלה אינני שמע-[10] [11]ידיכם [12]דמים [13]מלאו[14] :
16 רחצו [15]הזכו הסירו רע מעלליכם מנגד עיני חדלו
[16]הרע :
17 [17]-למדו היטב-[17] דרשו משפט אשרו [18]חמוץ שפטו יתום
ריבו אלמנה :

Jes. 1, 10–17: [1] 1Q Jes.^{a} **סודם** *Sodom*; vgl. hierzu G. Σοδομα und § 21, 2a. — [2] 1 Q Jes.^{a} **עומרה** *'Omorā*; vgl. G. Γομορρα. — [3–3] Apposition zum Akk.-Objekt nach § 98, 2: „nämlich, daß ihr zertretet . . .“; zum Inf. vgl. § 102, 2. — [4–4] Zum Inf. vgl. § 102, 2: „ihr sollt mir nicht mehr bringen“; zur Negation s. § 100, 4e. Die Variante 1 Q Jes.^{a} lautet entsprechend § 102, 4c: **לוא תוסיפו להביא**. — [5] Das Gen.-Attribut entspricht im Deutschen einem Adj.; § 97, 4d. — [6–6] Zum Nominalsatz mit Kopula **היא** vgl. § 90, 6b. — [7–7] Zusammengesetzter Nominalsatz nach § 92, 4b: „Monde und Sabbate . . . — nicht ertrage ich frevlerische Feier“; hierbei stellt **און ועצרה** eine logische Einheit dar. — [8] Vgl. § 102, 2. — [9–9] Konzessiver Inf., abhängig von einer Präposition, mit Gen.-Suffix der Subjektes und nachfolgendem Akk.-Objekt: „und wenn ihr [schon] eure Hände ausbreitet“; vgl. § 102, 1a. 3. — [10–10] Konzessivsatz nach § 119, 2a. — [11] 1Q Jes.^{a} **ידיכמה** *ịadēkimmā*; vgl. hierzu § 31, 3c. — [12] Zum Akk.-Objekt vgl. § 105, 2a. — [13] P.-Form; vgl. § 81, 2c. — [14] 1 Q Jes.^{a} zusätzlich: **אצבעותיכם בעאון**. — [15] Wz. **זכה**; vgl. §§ 82, 4c; 24, 2a. — [16] Wz. **רעע**: **הָרֵעַ**; § 79, 5d. Zum Akk. vgl. Anm. 17. — [17–17] Vgl. § 103, 2c. — [18] Part. Pass. Qal gegen MT.; BHK.^{3}.

19. Gottes Stimme in der Natur

29, 1 [1]הבו ליהוה [2-]בני אלים[-2]
הבו ליהוה כבוד ועז :
2 הבו ליהוה כבוד שמו
[3]השתחוו ליהוה בהדרת קדש :
3 קול יהוה על המים אל הכבוד הרעים
יהוה על מים רבים :
4 [4-]קול יהוה בכח[-4] [4-]קול יהוה בהדר[-4] :
5 קול יהוה שבר ארזים
וישבר יהוה את ארזי [5]לבנון* :
6 [6]וירקדי* [7]כמו עגל לבנון
ושרין [7]כמו בן ראמים :
7 קול יהוה חצב להבות אש :
8 קול יהוה [8]יחיל מדבר
יחיל יהוה מדבר קדש :
9 קול יהוה [9]יחולל אילות
ויחשף יערות
ובהיכלו [10]כלו [11]אמר כבוד :
10 יהוה למבול ישב
וישב יהוה מלך לעולם :
11 יהוה עז לעמו יתן
יהוה יברך את עמו בשלום :

Ps. 29, 1—11: [1] Vgl. § 78, 1. — [2–2] Vokativ; vgl. § 96, 4b. — [3] Zur Form s. § 82, 5c. — [4–4] Zum Nominalsatz vgl. § 90, 3d. – [5] MT. הלבנון; BHK.[3]. — [6] MT. וירקידם ist synt. schwieriger; BHK.[3]. — [7] Vgl. § 87, 2h. — [8] Wz. חיל; § 80, 6a. — [9] Vgl. § 80, 5a. — [10] כֻּלּוֹ „ein jeder“. — [11] Part. Akt. Qal.

20. Frau Weisheit und Frau Torheit

9, 1 [1]חכמות בנתה ביתה [2]הציבה* עמודיה [3]שבעה
2 טבחה טבחה מסכה יינה אף ערכה שלחנה :
3 שלחה נערתיה תקרא על גפי מרמי קרת[4] :
5 לכו לחמו [4a]בלחמי ושתו [4a]ביין [5]מסכתי :
6 [6–]עזבו [7]פתי* וחיו[–6] ואשרו בדרך בינה :
13 [8]כסילות הומיה [9]ומפתה* ובל ידעה [10]כלמה* :
14 וישבה לפתח ביתה על כסא מרמי קרת :
15 לקרא לעברי דרך המישרים ארחותם :
16 מי פתי [11]יסר [12]הנה [13–]וחסר לב[–13] ואמרה לו :
17 מים גנובים ימתקו ולחם סתרים [14]ינעם :
18 ולא ידע כי רפאים שם בעמקי שאול [15]קראיה :

Prv. 9, 1—6. 13—18: [1] Sg. nach § 41, 5c. — [2] Wz. **נצב**; § 76, 2a. MT. **חצבה** „sie hat ausgehauen"; BHK.[3]. Zum Perf.-Präs. vgl. § 101, 2b. — [3] Vgl. § 99, 8. — [4] MT. bietet zusätzlich **מי פתי יסר הנה חסר לב אמרה לו**; vgl. hierzu v. 16 und BHK.[3]. — [4a] Die Präposition *b-* ist hier, wie bereits im Ugar., partitiv gebraucht: „eßt von meinem Brot, und trinkt von dem Wein". — [5] Vgl. § 115, 2a. — [6–6] Zur konditionalen Konstruktion vgl. § 122, 2b. — [7] MT. synt. schwierig: **פתאים** „Toren"; BHK.[3]. — [8] MT. zusätzlich **אשת** „Weib"; BHK.[3]. — [9] MT. synt. schwierig: **פתיות** „Einfalt"; BHK.[3]. — [10] MT. **מה** „was"; BHK.[3]. — [11] Wz. **סור**; § 80, 3a. — [12] Lokal-Adv. — [13–13] Gen.-Verbindung: „unverständig". — [14] P.-Form; § 68, 2a. — [15] Suff. Part. Pass.; zur Konstruktion vgl. § 104, 1b.

21. Zwei Zahlensprüche

30, 18 שלשה המה [1–]נפלאו [2]ממני[–1]
[3]וארבע [4–]לא ידעתים[–4] :
19 דרך הנשר בשמים
דרך נחש [5]עלי צור
דרך אניה בלב ים
ודרך גבר בעלמה :

21 תחת שלוש [6]רגזה ארץ
[7]וארבעי לא [8]תוכל [9]שאת :
22 תחת עבד [10]כי ימלוך
ונבל כי ישבע [11]לחם :
23 תחת [12]שנואה כי [13]תבעל
ושפחה כי [14]תורישי [15]גברתה :

Prv. 30, 18—23: [1–1] Asyndetischer Attributsatz nach § 115, 2 b. — [2] Zum Komparativ vgl. § 98, 3 a. — [3] Qere וְאַרְבָּעָה; BHK.[3]. — [4–4] S. Anm. 1. — [5] Zur Pl.-Form vgl. § 87, 3 d. — [6] רגז hier: „vor Schrecken erbeben“; zum Perf. als Präs. vgl. § 101, 2 b. — [7] So nach G.; MT. ותחת ארבע. — [8] Vgl. §§ 68, 2 a; 78, 3 d. — [9] Vgl. § 83, 1 a. — [10] S. § 121, 2 b. — [11] Zum Akk.-Objekt vgl. § 105, 2 a. — [12] Bezeichnung für die zurückgesetzte Frau. — [13] Ni.: „zur Frau genommen werden“. — [14] MT. ותירש. — [15] St. abs. גְּבִירָה „Gebieterin“; zu suff. גְּבִרְתָּהּ vgl. § 57, 2 a.

22. Die Rose von Saron

2, 1 אני [1]חבצלת [2]השרון   [3]שושנת העמקים :
2 כשושנה בין [4]החוחים   כן [5]רעיתי בין הבנות :
3 [6]כתפוח [7]בעצי היער   כן [8]דודי בין הבנים
בצלו [9]חמדתי וישבתי   [10]ופריו מתוק [11]לחכי :
4 [12]הביאני אל [13]בית היין   [14]ודגלו עלי [15]אהבה :
5 [16]סמכני* [17]באשישות   [18]רפדני* בתפוחים
כי [19]חולת אהבה אני :
6 שמאלו תחת [20]ראשי*   וימינו [21]תחבקני
7 השבעתי [22]אתכם בנות ירושלם
[23]בצבאות או באילות השדה
[24]אם [25]תעירו ואם [25]תעוררו
את האהבה [26]עד שתחפץ [27] :

Cant. 2, 1—7: [1] חֲבַצֶּלֶת „Affodil", übertragen: „Rose". — [2] הַשָּׁרוֹן „Saron", die pal. Küstenebene von Jaffa bis Cäsarea. — [3] שׁוֹשַׁנָּה „Lilie"; cstr. שׁוֹשַׁנַּת nach § 23, 1 c. — [4] חוֹחַ „Dorn". — [5] רַעְיָה* „Geliebte". — [6] תַּפּוּחַ „Apfel, Apfelbaum". — [7] Zur Form vgl. § 49, 3 a. — [8] דּוֹד hier: „Geliebter". — [9] Pi.; logisch dem folgenden Verbum nach § 114, 1 b übergeordnet: „ich begehre, zu . . .". Zum Perf. neben Imperf. (v. 6) vgl. auch S. 85, Anm. 40. — [10] Vgl. § 52, 4 b. — [11] חֵךְ „Gaumen"; § 51, 2 b. — [12] Zum suff. Perf. vgl. § 85, 5. — [13] „Weinschenke". — [14] דֶּגֶל „Feldzeichen", hier „Wirtshauszeichen"; zur Bildung vgl. § 34, 3. — [15] Name der Taverne. — [16] Suff. Perf. Pi.: „er stärkt mich"; MT. Imp. סמכוני. — [17] אֲשִׁישָׁה „Traubenkuchen". — [18] Pi. „erquicken"; MT. Imp. רפדוני. — [19] Nominale Rektion nach § 104, 1 a. — [20] MT. לראשי; vgl. BHK³. — [21] Pi. „umarmen"; suff. nach § 84, 3. — [22] Zum M. an Stelle von F. vgl. § 94, 5 h. — [23] Sg. צְבִי „Gazelle", zusammen mit der Hirschkuh der Liebesgöttin heilig. — [24] Übersetze: „daß nicht". — [25] Wz. עור: Hi. „aufwecken", Polel „aufstören"; § 80, 6 a. 5 a. Zum M. vgl. § 94, 5 a. — [26] Vgl. § 121, 2 b. — [27] Zur Interpretation vgl. M. Haller, Das Hohe Lied (Handb. z. AT I, 18: Die Fünf Megilloth [1940], S. 28 f.).

IV. Kanonische Texte mit

23. Aus der Sekunda des Origenes

30, 1 [1]מזמור [2]שיר [3]חנכת [4]הבית [5]לדוד :
2 [6]ארוממך [7]יהוה [8]כי [9]דליתני [10]ולא [11]שמחת [12]איבי לי :

3 יהוה אלהי שועתי אליך ותרפאני :
4 יהוה [13]העלית [14]מן שאול [15]נפשי [16]חייתני [17]מיורדי בור :

5 [18]זמרו ליהוה חסידיו [19]והודו [20]לזכר קדשו :
6 [21]כי [22]רגע [23]באפו חיים [24]ברצונו בערב ילין [25]בכי

Ps. 30, 1—13: [1] Zu Sek. *mazmōr*, tib. *mizmōr* vgl. § 40, 4a. — [2] Šin wird in Sek. durch Sigma wiedergegeben: *sīr* < *šīr*. — [3] Sek. St. cstr. *onneḵaṯ* mit Elision des *ḥ* nach § 22, 3c; tib. *ḥ*ᵃ*nukkaṯ*. Die tib. Form *ḥ*ᵃ*nukkå̄* ist eine qatul-Bildung nach § 35, 3, während Sek. **onnaḵā* auf dem Typus qattal fußt: **onnaḵā* < **ḥannakā* (§ 38, 5c), wobei *o* < *a* wohl durch die elidierte Laryngalis bedingt ist. — [4] Sek. *aḇḇaịṯ* < **haḇḇaịṯ*, tib. *habbáịiṯ*; vgl. §§ 52, 3a; 58, 15. Zur totalen Spirierung von *bgdkpt* s. Anm. 21. — [5] Sek. *lḏau̯īḏ*, tib. *l*ᵉ*ḏå̄u̯īḏ*. Zum Schwa mobile im Tib. vgl. § 13, 3; zur Gen.-Bildung mit *l*ᵉ- s. § 97, 3f. In Sek. wird ein Murmellaut offenbar nur dort verzeichnet, wo er die Aussprache von Konsonantenhäufungen erleichtern soll. — [6] Sek. *erōmemeḵ* < *'*erōmemeḵā* mit Wegfall des Auslautvokals; tib. 'ᵃ*rōmimḵå̄*. — [7] Name Gottes in ideogrammatischer Schreibweise. — [8] Zu Sek. *ḵī* für tib. *kī* s. Anm. 21. — [9] Sek. Pi. *ḏelliṯanī* mit *e* < *a* in erster Stammsilbe nach § 70, 1d. — [10] Sek. *ūlō*, tib. *u̯*ᵉ*lō*; § 22, 4b. — [11] Im Original *semeṯ* = Pi. **semmeṯ* < **śemmeḥṯ* < **šammaḥtā*, tib. *śimmáḥtå̄*; § 75, 6. — [12] In Sek. ist β versehentlich verdoppelt und ο für ω gesetzt, daher wohl *ωϊεβαϊ = *'*ōịeḇaị* < *'*ōịibaị*; tib. '*ōị*ᵉ*ḇaị*. — [13] Im Original εελ.θ, wohl *εελιθ = **e'elīṯ* < **ha'lītā*, tib. *hæ'*ᵃᵉ*līṯå̄*; vgl. § 73, 1a. — [14] Sek. μεσσω. = **messōl* setzt in der Vorlage **miššōl* voraus, tib. dagegen *min-š*ᵉ'*ōl*; vgl. § 34, 6. — [15] Vgl. § 34, 1b. — [16] Im Original .ϊθανι = * ϊϊθανι, tib. *ḥiịịīṯánī*. Die Sek.-Form **i'iṯanī* weist darauf hin, daß selbst verdoppeltes Jod schwach artikuliert und als Alef gesprochen wurde. — [17] Sek.

23. Aus der Sekunda des Origenes

[1] μαζμωρ [2] σιρ [3] οννεχαθ [4] αββαιθ [5] λδαυιδ
[6] ερωμεμεχ [7] יהוה [8] χι [9] δελλιθανι [10] ουλω [11] σεμ[μ]εθ 2
[12] οϊεβ(β)αϊ λι
יהוה [3
יהוה] [13] εελ[ι]θ [14] μεσσω[λ] [15] νεφσι [16] [ϊ]ϊθανι 4
[17] μεϊωρδη βωρ
[18] ζω[μ]μέρου λיהוה ασιδαυ [19] ουωδου [20] [λ]ζεχρ κοδσ̣ω 5
[21] χι [22] ρεγε [23] βααφφω αϊϊμ [24] βαρσωνω βααρβ ιαλιν 6
[25] βεχι

---

meịōrḏē für **meịịōrḏē* < **miịịōreḏē* < **miịịōridē* entspricht dem Ketib *miịịōrᵉḏē* in MT.; dagegen lautet das Qere: *miịịårḏī ḇōr* „vor meinem Fahren in die Grube“ = „so daß ich nicht in die Grube fahren muß“. Zur Konstruktion des Qere vgl. § 102, 3 und BHK.[3] zur Stelle. — [18] Im Original ζωγμέρου oder ζωημέρου, wahrscheinlich verschrieben aus *ζωμμερου, das als **zōmmerū* vielleicht aus **zammerū* und **zōmerū* < **zāmerū* kontaminiert ist. Beide Imp.-Formen können als Intensiv-Bildungen aufgefaßt werden; vgl. § 72, 1b. Doch können sie auch aus einem alten Präs.-Fut. Qal (§ 70, 1g) ịaqattal und ịaqātal analogisch zu Piʿel und Poʿel (§ 72, 1b) abgeleitet sein. Das Präs.-Fut. ịaqātal lebt noch in sam. ịaqōtel und AF. ịeqōtel nach; s. § 63, 2 und S. 77, Anm. 18. — [19] Sek. *ụōḏū* < **ụhōḏū*, tib. *ụᵉhōḏū*. — [20] Im Original verschrieben αζεχρ; zum Segolat *zeḵr*, tib. *zéḵær* vgl. § 52, 1a. — [21] Aus der Schreibweise χφθ für *kpt* ist wohl mit Sicherheit zu entnehmen, daß auch *bgd*, die mit βγδ umschrieben werden, spiriert worden sind. Infolge dieser totalen Spirierung bietet Sek. selbst am Satzbeginn *ḵī*, während tib. auch nach kleinen Trennern כִּי *kī* die Regel ist. — [22] Sek. *reḡe* < **reḡʿ* < **ragʿ*; tib. *rǽḡaʿ*. — [23] Sek. *ḇaʾaffō* mit Artikulation des Alef; tib. *bᵉʾappō*. In der von Sek. vorausgesetzten Aussprache bedeutet Verdoppelung von *ḇḡḏḵfṯ* lediglich Dehnung des Konsonanten, nicht aber, wie traditionell im tib. System, auch dessen explosive Aussprache. — [24] Sek. *ḇarsōnō*; tib. *birṣōnō* nach § 87, 2b. Zu den Nominalsätzen רגע באפו „ein Augenblick — in seinem Zorn“

ולבקר רנה :
7 [27]ואני [28]אמרתי [29]בשלוי בל [30]אמוט [31]לעולם :
8 יהוה [32]ברצונך [33]העמדתה [34]להררי עז [35]הסתרת
[36]פניך [37]הייתי [38]נבהל :
9 [39]אליך יהוה [40]אקרא [41]ואל אדני [42]אתחנן :
10 [43]מה בצע בדמי [44]ברדתי אל [45]שחת [46]היודך עפר
[48]היגיד [49]אמתך :
11 [50]שמע יהוה [51]וחנני יהוה [52]היה [53]עזר לי :
12 [54]הפכת מספדי [55]למחול לי [56]פתחת [57]שקי
[58]ותאזרני [59]שמחה :
13 [60]למען [61]יזמרך כבוד ולא [63]ידם יהוה אלהי
לעולם [64]אודך :

= „einen Augenblick währt sein Zorn“ und חיים ברצונו „ein Leben — in seiner Gnade“ = „ein Leben währt seine Gnade“ vgl. § 90, 3d. — [25] Vgl. § 52, 4b. — [26–26] Ergänzt nach F. Wutz, Die Psalmen, 65. — [27] Sek. *u̯anī* <**u̯'anī*; tib. *u̯a'ᵃnī*. — [28] Sek. *amarṯī*, tib. *'åmártī*. — [29] Sek. *ḇsalu̯ī* < **ḇšalu̯ī* < **bišalu̯ī*; tib. *ḇᵉšalu̯ī*. — [30] Wz. מוט; sowohl Sek. *emmat* < **'emmāṯ* wie tib. *'æmmōṯ* setzen die Form **'ammāṯ* < **'anamāṯ* voraus; § 80, 4a. — [31] Sek. *lōlam* <**l'ōlam* <**la'ōlam* mit Elision des 'Ajin nach § 22, 3d; tib. *lᵉ'ōlåm*. — [32] Zum Suffix s. Anm. 6. — [33] Vgl. § 73, 1a. — [34] Sek. *la'ararī* < **laharari*, tib. *lᵉharᵉrī* „meinem Berge“. — [35] Sek. *esṯerṯā* < **hastartā*, tib. *histártå*; § 71, 1f. — [36] Zu Sek. *fanāḵ* vgl. § 46, 3b. — [37] Sek. *a'īṯī* < **hai̯īṯī* mit Schwachartikulation des Jod (Anm. 16), tib. *hå̄i̯īṯī*; § 82, 2g. — [38] Sek. *neḇal* <**neḇhal* <**nabhal*, tib. *niḇhål*; zur Grundform vgl. § 66, 2. — [39] Sek. *ēlāḵ* <**'ēlāḵ*, tib. *'ēlǽḵå*; § 46, 3b. — [40] Sek. *ekrā* <**'eqrā*, tib. *'æqrå*; man beachte die Differenzierung zwischen ק = κ (*k*) und כ = χ (*ḵ*), ebenso zwischen ט = τ (*t*) und ת = θ (*ṯ*). — [41] Sek. *u̯el* <**u̯'el*, tib. *u̯ᵉ'æl*. — [42] Sek. *eṯannan*, <**'eṯhannan*, tib. *'æṯhannån*. — [43] Sek. *meḇḇese* <**meḇḇeṣ'* < **mabbiṣ'*, tib. *ma-bbǽṣa'*; vgl. § 31, 2b. — [44] Sek. *ḇreḏeṯī* setzt **biradatī* voraus, tib. dagegen *bᵉriḏtī*; zur Inf.-Form vgl. §§ 33, 3a; 78, 3a. — [45] Lesung unsicher. — [46] Zum suff. Energ. in Sek. *ai̯ōḏeḵḵā* <**hai̯ōḏeḵḵā* <**hai̯ōdankā*, tib. hier nur *hᵃi̯ōḏᵉḵå*, vgl. §§ 84, 2d; 85, 8d. — [47] Der Spiritus asper deutet hier, wie an anderer Stelle der Spiritus lenis (Anm. 53), einen der Laryngalis entsprechenden konsonantischen Einsatz an. Das gleiche Schwan-

[26]–[ουλαβοκρ ρε]ν[να]–[26]
[27] ουανι [28] αμαρθι [29] βσαλουι βαλ [30] εμματ [31] λωλαμ 7
יהוה [32] βαρσωναχ [33] εεμεδεθ [34] λααραρι ος [35] εσθερθα 8
[36] φαναχ [37] αϊθι [38] νεβαλ
[39] ηλαχ יהוה [40] εκρα [41] ουελ αδωναϊ [42] εθανναν 9
[43] μεββεσε βδαμὶ [44] βρεδεθι ελ [45] σαα̣θ̣ [46] αϊωδεχχα [47] ἀφαρ 10
[48] αϊεγγιδ [49] εμεθθαχ
[50] σμα יהוה [51] ουάννηνι יהוה [52] αϊη [53] ὠζηρ λι 11
[54] αφαχθ ..... [55] λμα̣ωλ λι [56] φεθ[θ]εθα [57] σεκκι 12
[58] ου̣ε̣θα̣ζερηνι [59] σε̣μα̣
[60] λαμαν [61] ιζαμμερεχ [62] χαβωδ οὐλω [63] ιαδομ יהוה ελωαϊ 13
λωλαμ [64] ωδεχ

---

ken zwischen vokalischem und konsonantischem Wortanlaut begegnet bei Alef und Ajin auch in der sam. Aussprachetradition; s. S. 76, Anm. 4 und 12. — [48] Zu Sek. *ai̯eǧǧīḏ* <**hai̯eǧǧīḏ*, tib. *h^{a}i̯aggīḏ* vgl. § 71, 1a. — [49] Sek. *emeṯṯaḵ* <*'*emeṯṯaḵ* <*'*amittakā*, tib. P. '*^{a}mittǽḵå*; Wz. אמן. — [50] Sek. *sma* <**šma*'; tib. *š^{e}ma*'. Zur Form qtal des Imp. vgl. §§ 68, 2e; 75, 2. — [51] Sek. *u̯annēnī* <**u̯ḥannēnī* mit dem Imp.-Typus **sabb*, während tib. *u̯^{e}ḥånnḗnī* auf **subb* fußt; § 79, 2b. — [52] Sek. *ai̯ē* <**hai̯ē*, tib. *h^{ae}i̯ē*; zugrunde liegt der Typus **galī* (§ 82, 2f). — [53] Zum Spiritus lenis in Sek. '*ōzēr* <*'*ōzēr* vgl. Anm. 47. — [54] Sek. *afaḵṯ* <**hafaḵṯ* <**hapaktā*; tib. *håfáḵtå*. — [55] Sek. *lma'ōl* <**lmaḥōl* mit Schwachartikulation von *ḥ* nach § 22, 3c; tib. *l^{e}måḥōl*. — [56] Im Original *feṯeṯā* = Pi. **feṯṯeṯā* <**feṯṯeḥṯā* <**pallaḥtā*, tib. *pittáḥtå*; § 70, 1d. — [57] Sek. *sekkī* <**śeqqī*, tib. *śaqqī*. — [58] Sek. wohl Imperf. als Präs.-Futur nach § 100, 2b: Pi. **u̯eṯazzerēnī* <**u̯eṯ'azzerēnī* < **u̯ata'azzerēnī* „und du umgürtest mich"; tib. dagegen Imperf. cons. *u̯att^{e}'azz^{e}rḗnī*. — [60] Sek. *laman* <**lama'n*; tib. *l^{e}má'an*. — [61] Zum vokalischen Einsatz in Sek. *īzammereḵ* mit seiner Entsprechung besonders in der babyl. Aussprachetradition vgl. § 22, 4b; tib. *i̯^{e}zammærḵå*. — [62] Bedeutsam ist das Nebeneinander von zwei Spiranten in der Verbindung *īzammereḵ ḵaḇōḏ*; vgl. hierzu P. Kahle, The Cairo Geniza[2], 179ff. Die spätere tib. Regel in § 14, 4 geht wohl auf sekundäre Normierung der Aussprache zurück. — [63] Sek. *i̯adom* und tib. P. *i̯iddōm* nach § 79, 2a. — [64] Sek. *ōḏeḵ* <*'*ōḏeḵ* <*'*ōdekā*; tib. steht dafür der Energ. P. '*ōḏǽkkå*.

24. Textprobe in palästinischer Punktation

71, 5 כי אתה [1]תקותי [2]אדני יהוה [3]מבטחי [4]מנעורי :
6 [5]עליך [6]נסמכתי [7]מבטן [8]ממעי [9]אמי [10]אתה [11]גוזי
[12]בך [13]תהלתי [14]תמיד :
7 [15][כמ]ופת [16]הייתי [17]לרבים ואתה [18]מחסי [19]עז :
8 [20][ימ]לא פי [21]תהלתך כל [22]היום [23]תפארתך :
9 [24]אל [25]תשליכני [26]לעת [27]זקנה [ככ]לות כחי
אל [28]תעזבני :

Ps. 71, 5—14: [1] Pal. *tiqu̯tī*; tib. *ṯiqu̯åṯī*. — [2] Pal. *'ådnai̯* mit Pataḥ beim Suffix, tib. dagegen *'*^{a}*ḏōnåi̯* nach § 17, 2. — [3] Pal. *mibṭaḥī* mit Pataḥ; tib. *miḇṭåḥī*. — [4] Pal. *min'ūrai̯*, möglicherweise **min-nūrai̯* ausgesprochen (§ 22, 3d); tib. P. *minn*^{e}*'ūråi̯*. — [5] Die Form עליך, tib. *'ålǽḵå*, enthält über ך ein Dagesch mit nicht mehr erkennbarer Funktion. — [6] Pal. *nismaktī*; tib. *nismáḵtī*. — [7] Pal. *mbeṭen*; tib. *mibbǽṭæn*. — [8] Pal. *mim'ē* = **mimmē* (?) nach Anm. 4; tib. *mimm*^{e}*'ē*. — [9] Pal. *'imī* = *'*immī*; tib. *'immī*. — [10] Pal. *'åtā* mit Qameṣ; im Tib. dagegen *'attå*. — [11] Pal. und tib. *gōzī* bzw. *ḡōzī*; Wz. גזה (§ 82, 2i). — [12] Pal. *bḵå* mit Rafe über k: ך (§ 14, 5); tib. *b*^{e}*ḵå*. — [13] Pal. *tihlåtī*; tib. *ṯ*^{e}*hillåṯī*. Zur pal. Aussprache **tillåtī* vgl. rabb. *tillīm* für *t*^{e}*hillīm* „Psalmen" und unten Anm. 54. — [14] Pal. *tåmīd*; tib. *ṯåmīḏ*. — [15] Pal. [*km*]*ōpet*; tib. *k*^{e}*mōfēṯ*. — [16] Pal. *håi̯ītī*; tib. *håi̯īṯī*. — [17] Pal. *leråbīm* = **leråbbīm*; tib. *l*^{e}*rabbīm*. — [18] Pal. *mḥåsī*, nach § 22, 3c wohl **måsī* ausgesprochen; tib. *maḥ*^{a}*sī*. — [19] Pal. *'oz*; tib. P. *'ōz*. — [20] Pal. [*i̯m*]*lē*; tib. *i̯immålē*. — [21] Pal. *tihlåtekå* = **tillåtékå* nach Anm. 13; tib. P. *t*^{e}*hillåṯǽḵå*. — [22] Pal. *håi̯ōm* = **håi̯i̯ōm* mit Qameṣ für zu erwartendes Pataḥ; tib. *hai̯i̯ōm*. — [23] Pal. *tip'årtekå* mit Qameṣ in zweiter Silbe; tib. P. *tif'artǽḵå*. — [24] Pal. *'ål* mit Qameṣ; tib. *'al*. — [25] Pal. *tåšlikenī* mit stilisiertem ש anstelle des diakritischen Punktes der Tiberier (§ 8, 13), sowie mit Qameṣ als Präformativvokal; tib. *tašlīḵénī*. — [26] Pal. *le'et* mit verschiedenen *e*-Zeichen; tib. *l*^{e}*'ēṯ*. — [27] Pal. *ziqnā* mit langem Pataḥ im Auslaut; tib. *ziqnå*. — [28] Pal. *tå'azbenī* mit Qameṣ als

10 כי [29]אמרו [30]אויבי לי [31]ושמרי נפשי [32]נועצו [33]יחדו :
11 [34][ל]אמר אלהים [35]עזבו [36]רדפו [37]ותפשוהו כי
אן [38]מציל :
12 [א]להים אל [39]תרחק [40]ממני אלהי [41]לעזרתי [42]חושה :
13 [43][יב]שו [44]יכלו [45]שטני נפשי [46]יעטו [47]חרפה [48]וכלמה
[49]מבקשי [50]רעתי :
14 [ו]אני תמיד [51]איחל [52]והוספתי [53]על כל [54]תהלתך :

Präformativvokal; tib. *ta'azbēnī* (§ 73, 1b). — [29] Pal. *'åmrū*; tib. *'åmerū*. — [30] Pal. *'ōịbaị*; tib. *'ōịebaị*. — [31] Pal. *ụšōmrē*; tib. *ụešōmerē*. — [32] Pal. *nō'ṣū*; tib. *nō'aṣū*. — [33] Pal. *ịehdaụ* mit Pataḥ beim Suffix; tib. *ịahdåụ*. — [34] Pal. *[l]'mōr*; tib. *lēmōr* (§ 77, 1d). — [35] Pal. *'åzåbō*; tib. *'azåḇō*. — [36] Pal. *ridpū*; tib. *riḏfū*. — [37] Pal. *ụetipśūhū* mit einem Haken über Waw, der gewöhnlich Rafe bedeutet, hier jedoch konsonantisches *ụ-* anzeigt; über ש deutet stilisiertes ס die Aussprache *ś* an (s. Anm. 25); tib. *ụeṯifśūhū*. — [38] Pal. *måṣīl* mit Qameṣ in erster Silbe; tib. *maṣṣīl*. — [39] Pal. und tib. *tirḥaq*. — [40] Pal. *mimnī*; tib. P. *mimmǣnnī* (§ 87, 3a). — [41] Pal. *le'zrtī*; tib. *le'æzråṯī*. — [42] Pal. *ḥūšā* mit langem Pataḥ im Auslaut; tib. Qere *ḥūšå*, Ketib *ḥīšå* (§ 80, 3e). — [43] Pal. *[ịb]ōšū*; tib. *ịēḇōšū* (§ 80, 3a). — [44] Pal. und tib. *ịiklū* bzw. *ịiḵlū*. — [45] Pal. *śōṭnē* mit diakritischem Zeichen über ש nach Anm. 37; tib. *śōṭenē*. — [46] Pal. *ịå'ṭū* mit Qameṣ; tib. *ịa'aṭū*. Zu עטה (§ 82, 2a) mit folgendem Akk. vgl. § 105, 2a. — [47] Pal. *ḥerpā* mit langem Pataḥ im Auslaut; tib. *ḥærpå*. — [48] Pal. *ụkelimā* mit Pataḥ wie Anm. 47; tib. *ūḵelimmå*. — [49] Pal. *mbaqšē*; tib. *meḇaqšē* (§ 28, 3b). — [50] Pal. *rå'atī*; tib. *rå'åṯī*. — [51] Pal. *'åịaḥel* mit Qameṣ beim Präformativ; tib. *'aịaḥel* (§ 70, 1a). — [52] Pal. *ụhōsaptī*; tib. *ụehōsaftī*: Perf. cons. nach § 101, 6a. — [53] Pal. *'ål*; tib. *'al* (s. Anm. 24). — [54] Pal. *tehiltkå* = **tehillåtékå*. Das Nebeneinander von pal. **tillå* (vgl. Anm. 21) und **tehillå* zeigt die mangelnde Normierung der Laryngalaussprache auf dieser Stufe. Zur Kontraktionsform vgl. auch Eusebius, Kirchengeschichte VI 25, 2: Σφαρθελλειμ < **sfar ṯillīm*, tib. *séfær tehillīm*, „Buch der Psalmen" (Hinweis von M. Weise).

25. Textprobe in der älteren babylonischen Punktation

24, 1 °לדוד מזמר

ליהוה [1]הארץ [2]ומלואה

[3]תבל [4]וישבי [5]בה

2 °כי הוא על [6]ימים [7]יסדה

ועל [8]נהרות [9]יכוננה

3 °מי [10]יעלה [11]בהר יהוה

[12]ומי יקום [13]במקום [14]קדשו

4 °[15]נקי [16]כפים [17]ובר [18]לבב

אשר לא [19]נשא [20]לשוא [21]נפשו

ולא [22]נשבע [23]למרמה

5 °[24]ישא [25]ברכה [26]מאת יהוה

Ps. 24, 1—10: [1] Babyl. *hā'ārṣ*; tib. *hå'ắræṣ*. — [2] Babyl. *u̯imlō'āh*; tib. *ūmᵉlō'åh*. Zu babyl. *u̯i-* für tib. *ū-* „und" vgl. § 22, 4b; die Lautbarkeit des *h* ist — allerdings nicht regelmäßig — durch ein kleines übergesetztes ה, das dem tib. Mappiq entspricht (§ 14, 3), angedeutet. — [3] Babyl. *tebel*; tib. *tēḇēl*. — [4] Babyl. *u̯i̯ošbe*, tib. *u̯ᵉi̯ōšᵉḇē*. — [5] Babyl. wohl *bāh*, obgleich das diakritische Zeichen (s. Anm. 2) fehlt; tib. *ḇåh*. Zur Gen.-Verbindung יושבי בה vgl. § 97, 3d. — [6] Babyl. *i̯āmīm* = **i̯āmmīm*; tib. *i̯ammīm*. — [7] Babyl. *i̯sādāh* = **īsādāh* nach § 22, 4b; tib. *i̯ᵉsåḏåh*. — [8] Babyl. *nhārōt*; wahrscheinlich **nārōṯ* gesprochen; tib. *nᵉhårōṯ*. — [9] Babyl. *īkōnānāh*, tib. *i̯ᵉḵōnᵉnǽhå*; zu den verschiedenen F.-Suffixen vgl. § 84, 2a. — [10] Babyl. *i̯'ālā̄* = **i̯ālā̄* nach § 73, 2a; tib. *i̯a'ᵃlæ*. — [11] Babyl. *bhār*; tib. *ḇᵉhar*. — [12] Babyl. *u̯mī*; tib. *ūmī*. — [13] Babyl. *bimᵉqōm* mit Schwa mobile über מ; tib. *bimqōm*. — [14] Babyl. *qudᵉšō*, auffallenderweise mit Schwa, das hier stets lautbar ist, über ד; tib. *qåḏšō*. — [15] Babyl. *nqī*; tib. *nᵉqī*. — [16] Babyl. *kāpi̯m* = **kāppi̯m*; tib. *kappái̯im*. — [17] Babyl. *u̯bār*; tib. *ūḇar*. — [18] Babyl. *lebāb*; tib. *lēḇåḇ*. — [19] Babyl. *nśā*; tib. *nåśå*. — [20] Babyl. *lāšᵉu̯* mit auffallendem Schwa über ש, vielleicht verschrieben aus **lāšāu̯*; tib.

[27]וצדקה [28]מאלהי [29]ישעו
°זה דור [30]דורשו 6
[31]מבקשי פניך [32]יעקב סלה
°[33]שאו [34]שערים [35]ראשיכם 7
[36]והנשאו [37]פתחי [38]עולם
[39]ויבוא מלך [40]הכבוד
°מי זה מלך הכבוד 8
יהוה [41]עזוז [42]וגבור
יהוה גבור [43]מלחמה
°שאו שערים ראשיכם 9
[44]ושאו פתחי עולם
ויבוא מלך הכבוד
°מי הוא זה מלך הכבוד 10
יהוה צבאות
הוא מלך הכבוד [45]סלה

---

laššåu̯. — [21] Babyl. K. *näpšō*; tib. *nafšō*; BHK.^{3}. — [22] Babyl. *nišbä*ʿ; tib. *nišba*ʿ. — [23] Zu babyl. *lmärmā*, tib. *l^{e}mirmå* vgl. § 40, 4a. — [24] Babyl. *i̯iśā* = **i̯iśśā*; tib. *i̯iśśå*. — [25] Babyl. *brākā*; tib. *b^{e}råḵå*. — [26] Babyl. *me'et*; tib. *mē'eṯ*. — [27] Zu babyl. *u̯iṣdāqā*, tib. *ūṣ^{e}ḏåqå* vgl. Anm. 2. — [28] Babyl. ist nur der St. cstr. angedeutet: *m'lhē*. — [29] Babyl. und tib. gleichlautend. — [30] Babyl. *dōršāu̯*; tib. *dōr^{e}šåu̯*. — [31] Babyl. *mbäqšē*; tib. *m^{e}ḇaqšē* nach § 28, 3b. — [32] Babyl. *i̯*ʿ*qōb*, tib. *i̯a*ʿ^a*qōḇ*. — [33] Babyl. und tib. wohl gleichlautend: *ś^e'ū*. — [34] Babyl. *š*ʿ*ārim* = **šārīm*; tib. *š^e*ʿ*årīm*. — [35] Babyl. *rāšēkm*; tib. *råšēḵæm*. — [36] Babyl. *u̯hināś'u̯* = **u̯hinnāśū*; tib. *u̯^{e}hinnåś^e'ū*. — [37] Babyl. *pitḥē*; tib. *piṯḥē*. — [38] Babyl. ʿ*ōlm*; tib. ʿ*ōlåm*. — [39] Babyl. *u̯^{e}i̯ābō*; tib. *u̯^{e}i̯åḇō*. — [40] Babyl. *häkābōd* = **häkkābōd*; tib. *hakkåḇōḏ*. — [41] Babyl. ʿ*izūz* = tib. ʿ*izzūz*. — [42] Babyl. *u̯gibōr* = **u̯gibbōr*; tib. *u̯^{e}ḡibbōr*. — [43] Babyl. *mälḥāmā*; tib. *milḥåmå*. — [44] Babyl. *u̯iś'ū*; tib. *ūś^e'ū*. — [45] Babyl. *sälā*; tib. *sǽlå*.

26. Text mit samaritanischer Ausspracheüberlieferung

1, 1 [1]בראשית [2]ברא [3]אלהים [4]את [5]השמים [6]ואת [7]הארץ :
2 [8]והארץ [9]היתה [10]-תהו ובהו-[10] [11]וחשך [12]על [13]פני [14]תהום
3 [15]ורוח אלהים [16]מרחפת על פני [17]המים : [18]ויאמר
4 אלהים [19]יהי [20]אור [21]ויהי אור : [22]וירא אלהים את
[23]האור [24]-כי טוב-[24] [25]ויבדל אלהים [26]בין האור ובין
5 החשך : [27]ויקרא אלהים לאור יום ולחשך [28]-קרא
לילה-[28] ויהי ערב ויהי [29]בקר יום [30]אחד :
6 ויאמר אלהים יהי [31]רקיע [32]בתוך המים ויהי [33]מבדיל
7 בין [34]-מים למים-[34] : [35]ויעש אלהים את [36]הרקיע
ויבדל בין המים [37]אשר [38]מתחת [39]לרקיע ובין המים

Gn. 1, 1—8. 14—19: [1] Wz. *ra'š* (§ 22, 3a) mit Afformativ *-īt* (§ 41, 5a): **barāšīt* > sam. *bārắšit* mit sekundärer Druckverlagerung und damit verbundener Kürzung der Endsilbe; tib. *b^{e}rēšīṯ*. — [2] Sam. *bắra* < *bárā* (AF.) < **bára'* <**bára'a*, tib. *bårå*; vgl. §§ 21, 2a; 22, 3a. — [3] Wohl Sekundärbildung *ǣlúu̯em* <**ælú'em* < *'elōhīm* <**'ilāhīma* (= ugar.) mit sekundärem *u̯* nach Elision des *h* (§ 22, 3b) und Wandel von *ō* < *ā* zu *ū* (§ 23, 1c); tib. *'^{ae}lōhīm*. — [4] Nach A. Murtonen (vgl. S. 11) ist die Aussprache *it* oder *'it* möglich; tib. *'eṯ*. — [5] Sam. *eššắmem* <**haššamēm/haššamīm*, tib. *haššåmái̯im*; vgl. ugar. **šamūma/šamīma* und § 58, 18. — [6] Sam. *u̯it* <**u̯'it* mit Elision von ' nach § 22, 3a; tib. *u̯^{e}'eṯ*. — [7] Sam. *ắreṣ* (vgl. pal. *hắreṣ*) <**hā'ắreṣ*, tib. *hå'ắræṣ*; § 22, 3a. — [8] Sam. *u̯ắreṣ*, tib. *u̯^{e}hå'ắræṣ*. — [9] Sam. *ǣi̯i̯ắtā* <**hai̯ắtā* (vgl. tib. P. *håi̯ắṯå*), tib. K. *håi̯^{e}ṯå*; § 64, 2a. — [10–10] Tib. *ṯṓhū u̯åḇṓhū*. — [11] Sam. *u̯ắšek* <**u̯ḥášek* mit Elision von *ḥ* nach § 22, 3c und *a*-Vokalismus; tib. *u̯^{e}ḥóšæḵ*. — [12] Nach A. Murtonen schwankt die Aussprache zwischen *al* und *'al* (s. Anm. 4). — [13] Zur durchgängig spirierten Aussprache von *p* vgl. F. Diening, Das Hebr. bei den Samaritanern, 15. — [14] Tib. *ṯ^{e}hōm*; beide Formen <**tihōm* <**tihāmu* (ugar. *thm*). Zum fehlenden Artikel s. § 96, 2a. — [15] Tib. dagegen *u̯^{e}rū́^{a}ḥ*; §§ 13, 6; 26, 3. — [16] Anders als im Tib. lautet die Vorsilbe sam. *em-* < *m-* < *ma-*; zur Grundform vgl. § 66, 3a. — [17] Sam. *émmim* <**hammīm/hammēm*, tib. P. *ham-*

26. Text mit samaritanischer Ausspracheüberlieferung

[1]Bārǻšit [2]bǻra [3]ælū́u̯em [4]it [5]eššǻmem [6]u̯it [7]åreṣ : [8]u̯ǻreṣ [9]æi̯i̯ǻta [10–]tḗ'ū ubḗ'ū[–10] [11]u̯ǻšek [12]al [13]fǻni [14]tū́m [15]urū ælū́u̯em [16]emrāǽfat ʿal fǻni [17]émmim : [18]ui̯āṓmer ælū́u̯em [19]i̯ǻ'ī [20]or [21]u̯ei̯ǻ'ī or: ui̯ǽræ ælū́u̯em it [23]ǻor [24–]kí-ṭob[–24] [25]ui̯ébdel ælūu̯em [26]bin ǻor ubin ǻšek : [27]u̯i̯íqra ælū́u̯em lǻor i̯ōm u̯lǻšek [28–]qǻra líle[–28] ui̯ǻ'i ǽræb ui̯ǻ'i [29]bǽqær i̯ōm [30]ǻd : ui̯āṓmer ælū́u̯em i̯ǻ'i [31]årqiʿ [32]éftok émmim ui̯ǻ'i [33]mébdil bin [34–]mem ʿǽl-mim[–34] : [35]u̯īi̯āš ælū́u̯em it [36]årqiʿ ui̯ébdel bin émmim [37]ǽšar [38]mittåt [39]lårqiʿ ubin émmim

---

_må̆i̯im_; § 58, 16. — [18] Während Formen wie sam. _i̯āṓmer_ bisher als abnorm galten (§ 77, 2a), zeigt AF., daß hier altes und rudimentäres Präs.-Fut. _*i̯a'ōmer_ < _*i̯a'āmar_ (für _*i̯a'am[m]ar_), allerdings ohne das ursprüngliche modale Eigengewicht vorliegt; vgl. auch S. 69, Anm. 18 — [19] Sam. _i̯ǻ'ī_ <_*i̯áhī_, tib. K. _i̯ᵉhī_, P. _i̯ǽhī_; vgl. § 82, 2b. — [20] Sam. _or_ < _'ōr_, sekundär durch den Sprechtakt gekürzt: _i̯ǻ'ī-ŏr_. — [21] Imperf. cons. sam. _u̯ei̯ǻ'ī_ < _*u̯ai̯áhī_; tib. _u̯ai̯hī_. — [22] Sam. _ui̯ǽræ_ < _u̯ai̯ir'ǣ_; volles Imperf. cons. nach § 82, 2e. Zu beachten ist das Fehlen der sekundären Gemination nach Waw cons.; § 28, 3a. — [23] Sam. _ǻor_ < _ā'ōr_ < _hā'ōr_; tib. _hå'ōr_. — [24–24] Sam. Sprechtakt _kí-ṭob_ < _kī ṭōb_; tib. _kī-ṭōḇ_. — [25] Sam. _ui̯ébdel_ < _*u̯ai̯ábdil_ ist ursprünglicher als tib. _u̯ai̯i̯aḇdēl_; vgl. § 66, 4a. — [26] Sekundär gekürzt: _bin_ < _bīn/bēn_; tib. _bēn_. — [27] Sam. _u̯i̯íqra_, tib. _u̯ai̯i̯iqrå_; zur fehlenden Gemination beim Imperf. cons. vgl. Anm. 22. — [28–28] Der wohl altertümlichen Akzentlage in sam. _qǻra líle_ entspricht tib. die sogenannte Nesiga in _qå̆rå lå̆i̯lå_; § 21, 3a. — [29] Sam. _bǽqær_ <_*beqr_ <_*baqr_, Aussprachevariante zu tib. _bóqær_ <_*boqr_ <_*buqr_; vgl. hierzu § 52, 1a. — [30] Vgl. § 59, 1. — [31] Sam. _árqiʿ_ <_*rqīʿ_<_*raqīʿ_, tib. _råqīᵃʿ_ mit Dehnung des Qameṣ in der ersten Silbe; § 37, 4a. — [32] Sam. _éftok_ <_*btōk_ <_*bitōk_, tib. _bᵉṯōḵ_, mit Alef protheticum. — [33] Sam. _mébdil_ <_*mábdil_, tib. _maḇdīl_; vgl. § 66, 4a. — [34–34] Sam. _mem ʿæl-mim_ zeigt das Fließen der Grenzen zwischen _e_ und _i_;

8 אשר [40]מעל [41]לרקיע [42–]ויהי כן[–42] ׃ ויקרא אלהים
לרקיע שמים ויהי ערב ויהי בקר יום [43]שני ׃
14 [44]ויאמר אלהים יהי [45]מארת [46–]ברקיע השמים[–46]
[47]להבדיל בין היום ובין הלילה [48]והיו [49]לאתת
15 [50]ולמועדים ולימים [51]ושנים ׃ והיו [52]למארות ברקיע
16 השמים [53]להאיר על הארץ ויהי כן ׃ ויעש אלהים
[54–]את שני המארת הגדלים[–54] את המאור הגדל
[55–]לממשלת היום[–55] [56]ואת המאור הקטן לממשלת
17 הלילה ואת [57]הכוכבים ׃ [58]ויתן [59]אתם אלהים ברקיע
18 השמים להאיר על הארץ ׃ [60]ולמשל [61–]ביום ובלילה[–61]
[62]ולהבדיל בין האור ובין החשך וירא אלהים כי טוב ׃
19 ויהי ערב ויהי בקר יום [63]רביעי ׃

ʿ*æl-mim* geht wohl auf **æl-mīm* < **lmīm* < **lamīm* zurück, tib. P. *lå̊mā̊i̯im*. Zum Nebeneinander von ʿ und rein vokalischem Einsatz s. Anm. 12. — [35] Sam. *u̯ī̯i̯āš* neben *u̯i̯āš* (v. 16) < **u̯ai̯áʿaš* bzw. *u̯ai̯aʿś*, wobei *š* und *ś* in der Aussprache zusammengefallen sind. — [36] Im Phonogramm *ʾárqiʿ*; doch vgl. Anm. 41; tib. *hå̊rå̊qīaʿ*. — [37] Sam. *ǣšar* < *ʾ*ʾašar*, tib. *ʾašær*; § 31, 3a. — [38] Sam. *mittát* < **mittaḥt*, tib. *mittáḥaṯ*. — [39] Im Phonogramm *lárqiʿ*; vgl. Anm. 41. — [40] Sam. *mī̯i̯el* < **mīʾel* < **mīʿal* mit sekundärem *i̯*; tib. *mēʿal*. — [41] Die sam. Aussprache unterscheidet — wenn auch nicht konsequent — zwischen determiniertem *lā́rqiʿ*, tib. *lå̊rå̊qīaʿ*, und nicht determiniertem *ʾárqiʿ*; zu letzterem s. Anm. 31. — [42–42] Man beachte den Sprechtakt: sam. *u̯i̯ā́ʾi-kḗn*; tib. *u̯ai̯hī-ḵēn*. [43] Sam. *šǽ́ni*, tib. *šēnī*. — [44] Anders als in v. 3. 6. ist hier ʾ besonders kenntlich gemacht. — [45] Sam. *māū́rot* neben *māṓrot* (v. 15) < **maʾōrōt*; tib. *meʾōrōṯ*. — [46–46] Tib. *birqīaʿ haššå̊máiim*. — [47] Sam. Version:

ǣ́šar [40]mī́i̯el [41]lárqiʿ [42-]u̯i̯áʾi ken[-42]: u̯i̯íqra ǣlū́u̯em lárqiʿ šámem u̯i̯áʾi ǣ́ræb u̯i̯áʾi bǣ́qær i̯ōm [43]šǣ́ni : [44]u̯i̯āʾómer ǣlū́u̯em i̯áʾi [45]māū́rot [46-]bérqiʿ eššámim[-46] [47]lábdil bin éi̯i̯om ubin ellī́le [48]u̯ái̯ū [49]lū́tot [50]u̯elmuu̯ádim u̯eli̯ámem [51]u̯šánem : u̯ái̯ū [52]elmāṓrot bérqiʿ eššámem [53]láʾær al áreṣ u̯i̯áʾi ken : u̯i̯āš ǣlū́u̯em [54-]it šǣ́ni ammāʾū́rot eggadḗlem[-54] it ammáʾor eggádol [55-]elmemšálat éi̯i̯om[-55] [56]u̯it ammáʾor eqqáṭan elmemšálet ellī́le u̯it [57]kūkábim : [58]u̯i̯ítten [59]ōtímma ǣlū́u̯em bérqiʿ eššámem láʾer al áreṣ : [60]u̯lǽmšal [61-]béi̯i̯om ubellī́le[-61] [62]u̯lábdil bin áʾor ubin ášek u̯i̯ǣ́ræ ǣlū́u̯em kī́-ṭob : u̯i̯áʾi ǣ́ræb u̯ei̯áʾi bǣ́qær i̯ōm [63]rǣ́biʿ :

---

láʾær al áreṣ ulábdil. Zu sam. *lábdil* <**lahabdil*, tib. *l^{e}habdīl*, vgl. § 22, 3b. — [48] Sam. *u̯ái̯ū* <**u̯hai̯ū*, tib. *u̯^{e}hǻi̯ū*; Perf. cons. nach § 101, 6a. — [49] Sam. *lū́tot* <**lʾōtōt* <**laʾōtōt*; tib. *l^{e}ʾōṯōṯ*. — [50] Sam. *u̯elmuu̯ádim* <**u̯elmuʾádim* <**u̯alamōʿadīm*; tib. *ūl^{e}mōʿ^{a}ḏīm*. — [51] Im Phonogramm: *šánem*; zu *šánem* <**šánim* <**šanīm* (tib. *šånīm*) vgl. § 58, 20. — [52] Sam. *elmāṓrot* <**lmaʾōrōt* <**lamaʾōrōt*, tib. *limʾōrōṯ*; vgl. auch Anm. 45. — [53] Sam. *láʾær* <**lāʾēr* <**lahaʾēr*, tib. *l^{e}håʾīr*; vgl. Anm. 47. — [54-54] Tib. *ʾæṯ š^{e}nē hamm^{e}ʾōrōṯ hagg^{e}ḏōlīm.* — [55-55] Tib. *l^{e}mæmšǽlæṯ hai̯i̯ōm.* — [56] Sam. *u̯it*, tib. *u̯^{e}ʾæṯ-*. — [57] Tib. *hakkōḵåḇīm*; vgl. § 39, 3. — [58] Nach dem Phonogramm nur *i̯itten* als Erzählungsmodus; § 100, 2d. — [59] Sam. *ōtímma* <**ʾōtimmā*, tib. *ʾōṯåm*; zum Suffix vgl. §§ 30, 3c; 46, 2c. — [60] Im Phonogramm nur *lǽmšal* mit *a*-Vokal. — [61-61] Tib. *bai̯i̯ōm ūḇallai̯lå.* — [62] Im Phonogramm nur *lábdil*, tib. *ūl^{e}haḇdīl.* — [63] § 60, 1.

V. Vormasoretische biblische und außerbiblische Texte

27. Probe aus der ersten Jesaja-Rolle von Qumran

43, 1 ועתה [1]כוה אמר יהוה [2]בורא[י]כה [3]יעקוב [4]ויוצר[י]כה
ישראל אל תירא [5]כיא [6]גאלתיכה קראתי [7]בשמכה
2 [8]לי[א] אתה : כיא [9]תעבור במים [10]אתכה אני ובנהרות
[11]לוא ישטפוך כיא תלך [12]במו אש לוא [13]תכוה ולהבה
לוא תבער [14]בכה :
3 אני יהוה [15]אלוהיכה קדוש ישראל [16]גואלך [17]ונתתי
4 מצרים [18]כופרך כוש [19]וסבאים [20]תחתיכה : [21]מאשר
[22]יקרתה בעיני [23]נכבדתה ואני [24]אהבתיכה [25]אתן
5 [26][ה]אדם תחתיכה ולאומים תחת [27]נפשכה : אל תירא
כיא אתכה אני ממזרח [28]אביא [29]זרעכה וממערב

Jes. 43, 1—7: [1] MT. כה. — [2] Mit *i̯* über der Zeile: *bōr'[ḗ]kā*; zum Tib. vgl. § 49, 3b. — [3] MT. יעקב. — [4] Mit übergeschriebenem *i̯*: *u̯i̯ōṣr[ḗ]kā*; zum Tib. s. § 49, 3a. — [5] MT. כי. — [6] *g'ltī́kā*; MT. גאלתיך, tib. *ḡe'altī́ḵå* (§ 84, 2f). — [7] *bšmkā*; MT. בְשמך, tib. *ḇešimḵå* (§ 49, 1). — [8] Mit übergeschriebenem '; MT. לי. — [9] *t'bor*; MT. תעבר, tib. *t̯a'aḇor*. — [10] *'tkā*; MT. אתך, tib. *'itteḵå*. — [11] MT. לא. — [12] Vgl. hierzu § 87, 2f. — [13] Wz. כוה; § 82, 3. — [14] *bkā*; § 87, 2f. — [15] *'elōhḗkā*; MT. אלהיך. — [16] MT. hierfür P. מוֹשִׁיעֶךָ. — [17] Perf. cons. nach Nominalsatz (§ 101, 6a); MT. Perf. נתתי. — [18] *kofrk*; MT. כפרך, tib. *ḵåfreḵå*: „als Lösegeld für dich“ (§ 97, 4a). — [19] MT. וסבא. — [20] *tḥtḗkā*; MT. תחתיך, tib. *taḥtǽḵå* (§ 87, 3g). — [21] Zur Konjunktion vgl. § 120, 2a. — [22] *i̯qrtā*; MT. יקרת, tib. *i̯åqártå*. — [23] *nkbdtā*; MT. נכבדת, tib. *niḵbáḏtå*. — [24] *'hbtī́kā*; MT. אהבתיך, tib. *'ahaḇtī́ḵå*. — [25] MT. ואתן, tib. *u̯e'ætten*. — [26] Mit *h* über der Zeile; MT. אדם. —

6 אקבצכה[30] : אומר לצפון תני ולתימן אל תכלאי
7 הביאי בני מרחוק ובנותי מקצוי[31] הארץ : כול[32] הנקרא
בשמי ולכבודי בראתיהו[33] יצרתיהו[34] אף עשיתיהו[35] :

---

[27] *npškā*; MT. נפשך, tib. P. *nafšǽḵå̊*. — [28] Vgl. § 83, 6. — [29] *zr'kā*; MT. זרעך, tib. P. *zar'ǽḵå̊*. — [30] *'qbṣkā*; MT. אקבצך, tib. P. *'aqabbeṣǽkkå̊* (§ 84, 2d). — [31] *mqṣu̯ē* = **miqqaṣu̯ē* (vgl. z. B. Ps. 48, 11; Sg. *קָצו); MT. מקצה, tib. *miqṣē*. — [32] MT. כל. — [33] *br'tihū*; MT. בראתיו, tib. *berå̊ṯīu̯*. — [34] *i̯ṣrtihū*; MT. יצרתיו, tib. *i̯eṣartīu̯*. — [35] *'śītihū*; MT. עשיתיו, tib. *'aśīṯīu̯*.

28. Ein Danklied aus Qumran

2, 20 [1]אודכה אדוני כי [2]שמתה נפשי [3]–בצרור החיים–[3] /
21 [4]–ותשוך בעדי–[4] מכול מוקשי שחת ... עריצים בקשו
נפשי [5]בתומכי /
22 בבריתכה והמה [6]–סוד שוא–[6] ועדת בליעל לא [7]ידעו
כיא [8]מאתכה מעמדי /
23 ובחסדיכה [9]תושיע נפשי [10]כיא מאתכה מצעדי והמה
[11]מ[אתכה] [12]גרו /
24 על נפשי [13]–בעבור הכבדכה–[13] במשפט רשעים
[14]והגבירכה בי נגד בני /
25 אדם [15]כיא בחסדכה [16]עמדי ואני אמרתי [17]חנו עלי
גבורים [18]סבבוני בכל /
26 כלי מלחמותם [19]ויפרו חצים [20]–לאין מרפא–[20] [21]–ולהוב
חנית באש אוכלת עצים–[21] /

---

1 QH 2, 20—30: [1] Wz. ידה: AF. *'ōdékā*, tib. *'ōḏ^e ḵå*; § 83, 5a. — [2] Wz. שים; § 80, 3. — [3–3] Zum „Bündel des Lebens" vgl. 1 S. 25, 29. — [4–4] Wz. שוך; zur Redewendung vgl. Hi. 1, 10. — [5] Suff. Inf. nach § 102,3: „da ich festhielt . . .". — [6] „Gesellschaft des Trugs", parallel zu folgendem „Gemeinde Belials". — [7] Präs. nach § 101, 2b: *i̯adá'ū* „sie wissen . . .". — [8] Zusammengesetzte Präposition nach § 87, 4: *mē'ittékā* „von dir". — [9] Wz. ישע; vgl. § 78, 7a. — [10] Satzbeginn mit „denn". — [11] אתכה ist durch eine zweite Hand nachgetragen; E. L. Sukenik, The Dead Sea Scrolls of the Hebrew University (1955), Tafel 36. — [12] Pi. von גרה: „sie griffen an . . .". — [13–13] Finaler suff. Inf. nach בעבור im Ni.: „damit du dich . . . verherrlichst". — [14] Suff. Inf. Hi., noch abhängig von בעבור: „und du dich mächtig erweisest . . .". — [15] Satzbeginn mit „denn". — [16] Suff. Inf., gleichbedeutend mit מעמדי in Zeile 22. — [17] Im folgenden arbeitet der Dichter mit mythischen Bildern aus der Eschatologie. — [18] So für סבבום im Original, wobei die Ligatur *ni̯* zu *m* verschrieben ist. — [19] Wahrscheinlich Wz. *prr* (vgl. Gordon, Nr. 1691): „und es flogen . . .". Der Sinn wird sichergestellt durch 1 QH 3, 27: בהתעופף כל חצי שחת. — [20–20] Mit א für ה als Vokalbuchstaben:

27 וכהמון מים רבים שאון קולם [22]נפץ [23]זרם להשחית
רבים [24]למזורות [25]יבקעו /
28 [26]-אפעה ושוא-[26] [27]-בהתרומם גליהם-[27] [28]ואני במוס
לבי כמים [29]ותחזק נפשי בבריתך /
29 [30]-והם רשת פרשו לי תלכוד רגלם-[30] [31]-ופחים טמנו
לנפשי נפלו בם-[31] [32]-ורגלי עמדה במישור-[32] /
30 [33]מקהלם [34]אברכה [35]שמכה

לאין מרפה „ohne Unterlaß"; zur Konstruktion vgl. 1 QH 3, 27: לאין השב. — [21–21] Nominalsatz: „und das Blitzen der Speere (חנית hier kollektiv) — mit einem Bäume verzehrenden Feuer" (vgl. § 90, 3d) = „und es blitzten die Speere mit einem Bäume verzehrenden Feuer". — [22] Vielleicht Perf.: „es prasselte hernieder"; vgl. Jes. 30, 30 נֶפֶץ. — [23] „Wolkenbruch"; vgl. Jes. 30, 30. — [24] Die Vokalisation *lamazzūrōṯ* ist durch Hi. 38, 32 (G. und Theodotion μαζουρωθ < **mazzūrōṯ*) sichergestellt; tib. dagegen *mazzårōṯ*: „bis zu den Sternen". — [25] בקע ל „vordringen bis . . .". — [26–26] אפעה kann einesteils Weiterbildung von אפע „Nichts" (vgl. Jes. 40, 17) sein, andernteils „Otter, Schlange" bedeuten. In Verbindung mit שוא „Nichts, Böses" ergibt sich ein mythisches Bild vom chaotischen Nichts, das zugleich als das gottfeindliche Urmeer, die Heimat des Leviathan, erscheint. — [27–27] Modaler Inf.-Satz nach § 102, 3: „Urschlange und Frevel drangen bis zu den Sternen, indem sich ihre Wogen stolz erhoben." — [28] Neuer Einsatz: „Ich aber, als mein Herz schmolz . . ." — [29] Nach dem Tenor des Liedes liegt die Annahme eines Pi. „stärktest du . . ." am nächsten. — [30–30] Zusammengesetzter Nominalsatz nach § 92, 4a: „und sie — das Netz, das sie mir gelegt hatten (§ 115, 2a), fing ihren Fuß". — [31–31] Vgl. vorhergehende Anm.: „und die Fallen, die sie mir heimlich gestellt hatten — sie fielen darein". — [32–32] Vgl. Ps. 26, 12a: רַגְלִי עָמְדָה בְמִישׁוֹר. — [33] מקהלם: „fern von ihrer Versammlung", nämlich derjenigen der Frevler bzw. Gegner des Sängers. — [34] Koh. *'abārékā*, tib. *'ᵃḇårᵉḵå*; vgl. § 100, 4b. — [35] AF. *šemékā*; tib. am Satzende P. *šᵉmǽḵå*. Die letzten drei Wörter sind an Ps. 26, 12b nur lose angelehnt.

29. Aus dem Buche der Geheimnisse

1, 3 ...ולוא [1]ידעו רז [2]נהיה ובקדמוניות לוא [3]התבוננו ולוא /
4 ידעו מה אשר יבוא [4]עליהמה [5]ונפשמה לוא [6]מלטו מרז
נהיה /
5 [7]–וזה לכם האות–[7] [8]–[כי יהיה]–[8] [9]בהסגר [10]–מולדי
עולה–[10] [11]–וגלה הרשע מפני הצדק–[11] [12]כגלות [13]חושך
[14]מפנו /
6 אור [15]וכתום עשן [16]ואיננו עוד כן יתם הרשע [17]לעד
והצדק [18]יגלה כשמש [19]–תכון /
7 תבל–[19] [20]–וכול תומכי רזי פלא–[20] [21]אינמה עוד [22]ודעה
תמלא תבל ואין שם [22a]לעד [23]אולת /

---

1 Q Myst Fr. I 1, 3—11: [1] Präs.: „sie wissen"; § 101, 2a. — [2] Part. Ni.: „künftig"; vgl. z. B. Sir. 42, 19; 48, 25 und den mittelhebr. Sprachgebrauch. — [3] Zur Zeitstufe vgl. Anm. 1. — [4] Zu *'alēhimmā* vgl. §§ 30, 3c; 46, 2c. — [5] Zu *nafšāmā* <**nafšámmā* <**nafšahimmā* vgl. R. Meyer, VT. 7 (1956), 142. — [6] Perf. Pi. als Futur; § 101, 4. — [7–7] Nominalsatz: „und dies [sei] für euch das Zeichen"; § 93, 3. — [8–8] Über der Zeile nachgetragen: „daß es geschehen wird: ...". — [9] Inf. Ni. mit Präposition: „wenn ..."; vgl. § 102, 3. — [10–10] In מולדי עולה ist מולדי wohl weniger Nomen vom Typus maqtal (§ 40, 4a), als vielmehr Part. Ho. zu ילד: **mūladē 'aulā* „Kinder der Ungerechtigkeit". — [11–11] Perf. cons.: „und es wird verschwinden der Frevel vor der Gerechtigkeit"; § 101, 6a. — [12] Inf.-Konstruktion nach § 102, 3: „wie ...". — [13] Am Anfang ergänzt: [ח]ושך. — [14] So statt zu erwartendem מפני; falls nicht Schreiberversehen, könnte rudimentärer St. cstr. im Nom., natürlich ohne synt. Eigengewicht, vorliegen; vgl. § 45, 3a. — [15] Wz. תמם „verschwinden"; § 79, 2d. — [16] Ergänzt: וא[יננ]ו. — [17] Vgl. tib. לָעַד „für immer". — [18] Imperf. Ni.: „und die Gerechtigkeit wird sich offenbaren". — [19–19] Prädikativum: „als Richtmaß für die Welt". — [20–20] Gen.-Kette nach § 97, 3e: „und alle die, die die wunderbaren Geheimnisse festhalten". — [21] Zu *'ēnēmā* <**'ēnahimmā*, tib. *'ēnēmō* vgl. § 86, 9a. — [22] Vgl. § 78, 3a. — [22a] Ergänzt: לע[ד]. — [23] „Torheit" im Sinne der Gottlosigkeit. — [24–24] Nomi-

8 [24]-נכון הדבר לבוא-[24] ואמת [25]המשא [26]-ומזה יודע-[26]
[27]לכמה [28]-כי לוא ישוב אחור-[28] [29]הלוא כול /
9 העמים שנאו עול [30]וביד [31]כולמה יתהלך [29]הלוא מפי
כול לאומים [32]שמע האמת /
10 [33]היש שפה ולשון [34]מחזקת בה [35]-מי גוי-[35] [36]-חפץ
אשר-[36] [37]יעושקנו חזק [38]ממנו [39]מי /
11 [40]יחפץ [41]כי [42]יגזל [43]ברשע [44]הונו [45]מי גוי אשר לוא
עשק [46]רעהו . . .

---

nalsatz nach § 90, 3b: „sicherlich wird das Wort eintreffen“, womit ein neuer Einsatz beginnt. — [25] Lies *hammaśśā* „Weissagung“. — [26–26] יודע wohl Imperf. Ho. **i̯ūda‘*: „und daran wird es kenntlich werden“. — [27] Zu *lakímmā* vgl. § 87, 2f. — [28–28] Wörtlich: „daß es nicht nach hinten umkehrt“ = „daß es nicht wieder hinfällig wird“. — [29] Vgl. § 111, 1b. — [30] Vgl. § 119, 1: „obwohl ...“. — [31] Ergänzt: כולמ[ה]; zu *kullámā* <**kullámmā* < *kullahímmā* s. Anm. 5. — [32] Vielleicht Perf. Pass. Qal **šuma‘* „hört man nicht . . . ?“. — [33] Asyndesis: „aber gibt es . . . ?“. — [34] Part. Hi.: „die festhält . . .“. — [35–35] Neuer Einsatz: „Welches Volk...“. — [36–36] Präs. nach § 101, 2b (oder Part.) mit anschließendem Objektssatz: „. . . hat daran Gefallen, daß . . . ?“; vgl. § 114, 1c. — [37] Zu altem Präs.-Fut. *i̯a‘ōšaqénnū* <**i̯a‘āšaqannū* für **i̯a‘aš[š]aqannū* s. § 63, 2 und S. 69, Anm. 18. — [38] Zum Komparativ vgl. § 98, 3a. — [39] Neuer Einsatz: „Wer . . . ?“. — [40] Man beachte das synt. völlig gleichwertige Nebeneinander von יחפץ und חפץ, wie es bereits aus dem Althebr. und Ugar. bekannt ist. — [41] Vgl. § 114, 1c: „daß . . .“. — [42] Imperf. Ni. — [43] Adv.: „durch Frevel“. — [44] Akk.-Objekt im Pass.-Satz nach § 109, 2a. — [45] S. Anm. 35. — [46] Ergänzt: רעה[ו].

30. Aus der Ordensregel von Qumran

3, 17 [1]והואה ברא [2]אנוש לממשלת /
18 [3]תבל [4]וישם לו שתי [5]רוחות [6]-להתהלך בם-[6] [7]-עד
מועד פקודתו-[7] הנה [8]-רוחות /
19 האמת והעול-[8] [9]במעין [10]אור [11]תולדות האמת וממקור
[10]חושך תולדות העול /
20 ביד [12]-שר אורים-[12] ממשלת כול בני צדק [13]-בדרכי
אור יתהלכו-[13] וביד מלאך /
21 חושך כול ממשלת בני עול [14]ובדרכי חושך יתהלכו
[15]-ובמלאך חושך-[15] [16]תעות /
22 כול בני צדק [17]וכול חטאתם ועוונותם ואשמתם ופשעי
מעשיהם בממשלתו /
23 [18]-לפי רזי אל-[18] [19]-עד קצו-[19] [20]וכול נגיעיהם

1QS 3, 17—25: [1] Zu *hû'ā* vgl. § 30, 2b. — [2] Kollektivum: „den Menschen“. — [3] Zum Fehlen des Artikels vgl. § 96, 2a. — [4] Wz. שִׂים; vgl. § 80, 3c. — [5] רוחות bedeutet hier „Geister“ im Sinne zweier Größen, die im dualistischen Gegensatz zueinander stehen. — [6–6] Vgl. § 102, 4a: „damit er unter ihnen wandele“. — [7–7] עד מועד פקודתו „bis zum Zeitpunkt seiner (Gottes) Heimsuchung“. — [8–8] Zur Gen.-Konstruktion vgl. § 97, 3e: „[und zwar] die [beiden] Geister der Wahrheit und des Trugs“. — [9] Neben מעין *ma'ian* „Quelle“ ist die Lesung מעון *ma'ōn* „Ort“ möglich. — [10]אור und חושך werden, wie תבל, nach § 96, 2a ohne Artikel gebraucht, sind jedoch determiniert. — [11] תולדות „Generationen“. — [12–12] שר אורים *śar 'ūrîm* „Fürst der Lichter“, wohl mit dem Engel Uriel identisch. — [13–13] Wohl asyndetischer Attributsatz nach § 115, 2a mit betonter Voranstellung der Adv.-Bestimmung: „die auf den Wegen des Lichtes wandeln“. — [14] Logische Subordination nach § 112, 2b: „so daß sie auf den Wegen der Finsternis gehen“. — [15–15] Beginn eines neuen Satzes: „Und beim Engel der Finsternis [liegt es], daß ...“. — [16] Inf. cstr. Qal (Wz. תעה) mit anschließendem Gen.-Attribut als Subjekt im Nominalsatz; § 102, 2. — [17] Neuer Satz: „Und alle ihre Sünden ... [stehen] unter seiner Herrschaft“; § 90, 3d. — [18–18] לפי רזי אל „entsprechend den Geheimnissen Gottes“. — [19–19] עד קצו *'ad*

[21]-ומועדי צרותם-[21] [22]-בממשלת משטמתו-[22] /
24 [23]-וכול רוחי גורלו להכשיל בני אור-[23] [24]ואל ישראל
ומלאך אמתו [25]עזר לכול /
25 בני אור והואה ברא רוחות אור וחושך [26]עליֽהון יסד
כול מעשה ...

**qiṣṣō* ,,bis zu seinem Ende". — [20] Beginn eines neuen Nominalsatzes nach § 90, 3 d. — [21–21] ומועדי צרותם ,,und die Zeiten ihrer Bedrängnisse". — [22–22] בממשלת משטמתו ,,unter der Gewalt seiner Anklägerschaft" = ,,unter seiner satanischen Gewalt". Die maqtal-Bildung *maśṭemā* (§ 40, 4a), gebildet von der Wz. שטם/שטן, begegnet z. B. Jubiläenbuch 10, 8 als Eigenname ,,Mastema"; vgl. hierzu § 94, 2g. — [23–23] Nominalsatz nach § 90, 3d: ,,und alle [niederen] Geister seines Anteils [dienen dazu], straucheln zu lassen ...". — [24] Adversativ nach § 112, 2a: ,,aber der Gott Israels ...". — [25] Nominales Prädikat: ,,[sind] eine Hilfe für ...". — [26] Aram. Form: *ʿalēhōn*; hebr. עליהם. — Vgl. hierzu P. Wernberg-Møller, The Manual of Discipline (Studies on the Texts of the Desert of Judah I [Leiden 1957]), 25 und Anmerkungen.

31. Aus der Gemeindeordnung von Qumran

1, 1 וזה [1]הסרך לכול עדת ישראל באחרית הימים [2]בהספם
[3]ליחד להתהלך /
2 [4–]על פי[–4] משפט [5]בני צדוק הכוהנים [6–]ואנושי בריתם[–6]
אשר [7–]סרו מלכת בדרך /
3 העם[–7] [8]המה [9–]אנושי עצתו[–9] אשר שמרו בריתו בתוך
רשעה [10–]לכפר בעד הארץ[–10] /
4 [11]בבואם* יקהילו [11a–]את כול[–11a] הבאים מטף עד
נשים [12]וקראו [13]באוזניהמה את /
5 כול חוקי הברית [14]ולהבינם בכול [15]משפטיהמה פן
[16]ישגו [17]במשגותיהמה •

---

1 QSa 1, 1—11: [1] סרך *sérek* „Regel, Ordnung". — [2] בהספם Inf. Ni. mit Elision des ʾ nach § 22, 3a = בהאספם „da sie sich vereinen"; § 102, 3. — [3–3] Ergänzt: [ליחד להתה]לך. Mit adv. ליחד „gemeinsam" wird der vorangehende Inf. verstärkt; zur Wendung vgl. 2 S. 10, 15: וַיֵּאָסְפוּ יָחַד „und sie versammelten sich". — [4–4] על פי „gemäß". — [5] Zur Rolle der „Söhne Sadoqs" in Qumran vgl. besonders P. Kahle, Das Altertum 3 (1957), 38ff. — [6–6] אנושי בריתם *ʾanōšē berītām* „die Männer ihres Bundes"; zum *o*-Vokalismus in *ʾanōšē* (tib. *ʾanšē* < **ʾanašē*) vgl. R. Meyer, VT. 7 (1957), 143f. — [7–7] Ergänzt: סר[ו מלכת ב]דרך העם „die sich davon abgewendet haben, auf dem Wege des Volkes zu wandeln". — [8] Mit המה beginnt ein neuer Satz; zu *hímmā*, tib. *hémmå*, vgl. § 30, 2b. — [9–9] *ʾanōšē ʿaṣatō* „die Männer seines (Gottes) Ratschlusses". — [10–10] Ergänzt: לכפ[ר בעד האר]ץ „um das [heilige] Land zu entsühnen". — [11] In der Handschrift wohl fehlerhaft: בבואים. Der suff. Inf., mit dem ein neuer Satz beginnt, bezieht sich auf die Gemeindeglieder; vgl. Dt. 31, 11f. — [11a–11a] In der Handschrift: אתכול. — [12] Perf. cons.; § 101, 6a. — [13] Ergänzt: בא[וזניהמה] *beʾoznēhímmā*. — [14] Der suff. Inf. ולהבינם *u̯elahabīnēm* setzt das Perf. cons. fort: „und sie sollen sie unterweisen". — [15] משפטיהמה *mišpaṭēhímmā*. — [16] Wz. שגה: *pen i̯išgū* „daß sie nicht unwissentlich sündigen". — [17] במ[שגותיהמ]ה *bemišgōtēhímmā* „in

6 [18]וזה [19][ה]סרך לכול [20]-צבאות העדה-[20] [21]לכול
האזרח בישראל ומן [22]נעוריו /
7 [23]ללמדהו [24]-בספר ההגי-[24] [25]וכפי [26]יומיו [27]ישכילוהו
בחוקי הברית [28]-ולקחת /
8 מוסרו-[28] [29]במשפטיהמה [30]-עשר שנים-[30] . . . [31]ובן
עשרים [32]-שנה יעבר /
9 על הפקודים-[32] [33]לבוא בגורל בתוך [34]משפחתו [35]-ליחד
בעדת קודש-[35] ולוא [36]יקרב /

---

ihren versehentlichen Verfehlungen". — [18] Andeutung eines neuen Abschnittes in der Handschrift; hier gekennzeichnet durch einen Punkt auf der Zeilenmitte. — [19] Das *h* des Artikels ist in der Handschrift über der Zeile nachgetragen. — [20–20] **צבאות העדה** „Abteilungen der Gemeinde" im Sinne von „Heerbann". — [21] Vgl. § 98, 2. — [22] Ergänzt: [נע]וריו. — [23] Ergänzt: לל[מדהו]; Inf. Pi. nach § 102, 4a: „daß man ihn unterrichte . . .". — [24–24] **בספר ההגי** *beséfer hahágī* „im Buche der Meditation"; vgl. jüd.-aram. הֲגֵי „Sprache, Meditation". — [25] **כפי** „entsprechend". — [26] Man beachte den *o*-Vokalismus in *i̯ōmāu̯*; zur traditionell üblichen Aussprache vgl. § 58, 19. — [27] Unpersönliches Subjekt nach § 94, 8a: „und entsprechend seinem Lebensalter soll man ihn unterweisen . . .". — [28–28] Ergänzt: ול[קחת מו]סרו; der Inf. setzt das vorangehende Verbum finitum fort: „und man soll seine Unterweisung nehmen . . .". — [29] **במשפטיהמה** *bemišpaṭēhimmā* „aus ihren (nämlich der Bundesgesetze) Satzungen". Anscheinend wird hier, wie Prv. 9, 5 und ugar., die Präposition *b*- für sonst übliches *min* gebraucht; vgl. S. 65, Anm. 4a und Gordon, § 10, 5. — [30–30] Vgl. § 106, 2b. — [31] Ergänzt: וב[ן]. — [32–32] Ergänzt: **עשרים שנ[ה יעבר על] הפקודים**; zur Wendung „er soll sich zur Musterung begeben" vgl. z. B. Ex. 30, 14: **כֹּל הָעֹבֵר עַל־הַפְּקֻדִים**. — [33] **גורל** „Anteil". — [34] Ergänzt: משפ[ח]תו. — [35–35] **ליחד בעד[ת] קודש** „zusammen mit" bzw. „inmitten der heiligen Gemeinde"; vgl. § 97, 4d. — [36] Ergänzt: י[קרב]. — [37] Suff. Inf. nach § 102, 4a: „sie zu erkennen" im geschlechtlichen Sinne. — [38–38] **למשכבי זכר** *lemiškabē zakar* „zum männlichen Beilager"; Apposition nach § 98, 2. — [39–39] In der Handschrift: **כיאם** „außer . . .". — [40–40] **מילואת לו** wohl Verbalnomen, gebildet nach § 38, 7b; zur Gen.-Verbindung **millu'at lō* vgl. § 97, 3d. Im Deutschen aufzulösen: „es sei denn (ent-

10 אל אשה [37]לדעתה [38]–למשכבי זכר–[38] [39]–כי אם–[39] לפי
[40]–מילואת לו–[40] [41]עשרים שנה [42]–בדעתו טוב /
11 ורע–[42] [43]ובכן [44]–תקבל להעיד עליו–[44] [45]–משפטות
התורא–[45] [46]ולהתיצב [47]–במשמע משפטים–[47] . . .

---

sprechend dem), daß sich für ihn vollendet haben ...". — [41] Ergänzt: עש[רי]ם. — [42–42] בדעתו [טוב] ורע wörtlich (§ 102, 3): „in seinem Wissen Gutes und Böses" = „da er weiß um Gut und Böse". — [43] Mit ובכן beginnt ein neuer Satz. — [44–44] Subjekt ist die Ehefrau: „und ebenso kann sie die Zeugenschaft gegen ihn übernehmen"; zur modalen Abstufung des Imperf. vgl. § 100, 2c. — [45–45] Akk. der Beziehung nach § 106, 2d: „in bezug auf die Weisungen des Gesetzes"; man beachte die Schreibung von התורא *hattōrā* mit ʾ für *h* als Vokalbuchstaben. — [46] Ergänzt: ולהת[י]צב; der Inf. setzt das Verbum finitum fort: „und kann dabeistehen". — [47–47] במשמע המשפטים wörtlich: „beim Vernehmen der Urteilssprüche" nach § 102, 3; freier: „und die Urteilssprüche anhören".

VI. Nichtliterarische Texte

32. Die Siloah-Inschrift von Jerusalem

1 .. [1]הנקבה [2]וזה [3]היה דבר הנקבה [4]בעוד .... /

2 [5]הגרזן [6]אש אל [7]רעו ובעוד [8]-שלש אמת-[8] [9]להנקב
[10]נשמע [11]קל אש [12]ק /

3 רא אל רעו [13]כי [14]הית [15]זדה
[16]בצר [17]מימן [18]ומהשמאל [19]-ובים ה /

4 נקבה-[19] [20]הכו החצבים אש [21]לקרת רעו גרזן על
[22]גרזן [23]וילכו /

---

[1] Wohl Verbalnomen vom Typus qatal (§ 35, 1b): **hannaqabā* „die Durchbohrung"; nach F. M. Cross-D. M. Freedman, Early Hebrew Orthography (New Haven 1952), 49, suff. Inf. Ni. **hinnaqibō*. — [2] וזה **u̯azē*; tib. *u̯ezǣ*. — [3] היה **hai̯ā*; tib. *hå̄i̯å̄*. — [4] Vgl. § 86, 9c: **ba'ōd*, tib. *be'ōḏ*; Cross-Freedman, 50: * *ba'au̯d*. Die Lücke ist inhaltlich etwa folgendermaßen zu ergänzen: „als noch [die Handwerker schwangen] die Hacke". — [5] Vgl. § 41, 3. — [6] אש *'īš. — [7] רעו **re'ō*; Cross-Freedman, a. a. O.: **re'eu̯*. — [8–8] **šalōš 'ammōt*. — [9] Ergänzt: [ב]להנק. Inf. Ni.: **lahinnaqib*, tib. *lehinnå̄qēḇ*; vgl. § 66, 2. — [10] Ergänzt: ע[נשמ], Perf. Ni.: „hörte man"; vgl. § 109, 1b. — [11] קל **qōl*, Cross-Freedman, a. a. O.: **qāl*. — [12] Ergänzt: ק[ר]א, wohl Part. Akt. Qal. — [13] כי **kī* „denn". — [14] Zu הית **hai̯āt* vgl. § 82, 2g. — [15] Nach Form und Bedeutung unklar; vielleicht „Spalte, Loch". — [16] בצר **baṣṣūr* „im Felsen". — [17] Vgl. hierzu tib. *mii̯i̯å̄mīn*. — [18] Ergänzt: ומ[השמ]אל, vgl. tib. *mēhaśśemōl* (2 Chr. 3, 17). — [19] **u̯abai̯ōm hannaqabā* „und am Tage der Durchbohrung"; nach Cross-Freedman, a. a. O.: **u̯abai̯ām* mit anschließendem suff. Inf. Ni.; vgl. Anm. 1. — [20] Zu הכו **hakkū*, tib. *hikkū*, vgl. §§ 66, 4a; 83, 2b. — [21] Zu לקרת vgl. לקראת, tib. *liqraṯ*, „entgegen". — [22] Ergänzt: [ג]רזן. — [23] וילכו **u̯ai̯alikū*, tib. *u̯ai̯i̯ēlekū*; § 78,

5 [24]המים מן [25]המוצא אל [26]הברכה [27]במאתים ואלף
אמה [28]-ומא /
6 ת אמה-[28] היה [29]גבע הצר על [30]ראש החצבים

9a. — [24] Vgl. § 58, 16. — [25] **המוצא** **hammōṣa'*; Cross-Freedman, a. a. O.: **hammauṣa'*; tib. *hammōṣā̊*. — [26] Vgl. tib. *habbᵉrēḵā̊*. — [27] **במאתים** **bama'taim*; vgl. § 59, 4. — [28–28] **mi'at 'ammā* „hundert Ellen"; §§ 59, 4; 99, 6. — [29] Typus qatl nach § 34, 2: **gab'*, tib. *gǽḇa'* (Ortsname). — [30] Vgl. § 58, 14.

33. Ein Brief an den Kommandanten von Lachis

2, 1 אל אדני [1]יאוש [2]ישמע /
2 יהוה את אדני [3-]שמעת של /
3 ם[-3] [4-]עת כים עת כים[-4] מי [5]עבד /
4 ך [6]כלב כי [7]זכר אדני את [8]ע /
5 בדה [9]יעכר יהוה את [-10]א /
6 תי דבר[-10] אשר לא [11]ידעתה

Lachis-Ostrakon 2,1—6: [1] Jaosch ist der Name des Kommandanten von Lachis, dem zugleich ein größerer Befehlsbereich untersteht. — [2] Juss. Hi. **i̯ašmiʿ*, tib. *i̯ašmaʿ*; vgl. § 75, 3a. — [3–3] שמעת שלם **šamūʿat šalōm*, tib. *šᵉmūʿaṯ šâlōm*: „glückliche Nachricht"; zur qatūl-Bildung **šamūʿā* vgl. § 37, 5a; zur Gen.-Verbindung s. § 97, 4d. — [4–4] עת כים **ʿattā kai̯i̯ōm* „gerade heute", zur Verstärkung wiederholt, entspricht genau 1 S. 9, 12 G. *עַתָּה כְהַיּוֹם, wofür MT. fehlerhaft עַתָּה כִּי הַיּוֹם bietet; vgl. BHK.[3] und Koehler, 747. — [5] עבדך **ʿabdakā*; Cross-Freedman, 53, **ʿabdak*; tib. *ʿaḇdᵉḵâ*. — [6] Apposition: „der Hund" als Selbstbezeichnung des Absenders. — [7] Präs. nach § 101, 2b. Außerdem ist zu beachten, daß die Anrede teils in der 2., teils in der 3. Person erfolgt. — [8] Ergänzt: [ע]בדה **ʿabdō* < **ʿabdau̯* < **ʿabdahū*; tib. *ʿaḇdō*; vgl. § 22, 4c. — [9] Wz. עכר „ins Unglück bringen", Juss. — [10] Ergänzt: א[ת]י, Wz. אות „sich auf etwas einlassen"; vgl. K. Elliger, Zeitschrift des Deutschen Palästina-Vereins 62 (1939), 66. Dementsprechend bedeutet **ʾātē dabar* „die sich auf etwas einlassen". — [11] ידעתה **i̯adaʿtā*, tib. *i̯âdáʿtâ*, „du weißt"; zum Präs. vgl. § 101, 2b; zum fehlenden Rückbezug bei synt. eindeutigem Attributsatz s. § 115, 4c. Zur Form vgl. ferner S. 94, Anm. 16.

34. Meldung Hoschajahus an seinen Vorgesetzten in Lachis

3, 1 עבדך הושעיהו שלח [1]ל /
2 הגד [2]-לאדני יאוש-[2] ישמע /
3 [3]-יהוה את אדני-[3] שמעת שלם /
4 [4]ועת [5]-שלח עבדך-[5] [6]ספר אל [7]הפקד /
5 [8]ובתכה [9]רזם עבדך לספר אשר /
6 שלח [10]אדני לעבדך [11]אמש כי לב /
7 [12]עבדך [13]דוה [14]-מאז שלחך-[14] אל עבד /
8 ך [15]וכי אמר אדני [16]-לא ידעתה /

Lachis-Ostrakon 3,1—21: [1] Ergänzt: [ד]להג; Wz. נגד: שלח להגד **šalaḥ lahaggid* „läßt [hiermit] melden"; zum Präs.-Perf. vgl. § 101, 2b. — [2–2] Ergänzt: [ש]ו[א]ני י[לאד] „an meinen Herrn Jaosch"; zum Wechsel in der Anrede s. S. 93, Anm. 7. Auf den Briefkopf folgt nunmehr die Grußformel. — [3–3] Ergänzt: יהו[ה את] אד[נ]י. — [4] ו[עת] **ua'attā* „und nun", im Text ergänzt, leitet zum Thema über. — [5–5] Ergänzt: ש[לח עבד]ך. — [6] ספר **sipr*, tib. *séfær*, hier durchweg „Brief"; zum Typus qitl vgl. § 34, 1b. 3. — [7] הפקד **happaqīd*, offenbar Amtsbezeichnung, etwa „[an] den Kommissar"; zur qatīl-Bildung vgl. § 37, 4. Die Lesung ist umstritten; nach anderen הפקח, tib. *happiqqéaḥ* „Schieler" als Spitzname. — [8] Ergänzt: [ו]ב[ת]כה **uabitōkō*, tib. *ūbetōkō* „und darin". — [9] רזם **razam* „er fragt" (?); zum Präs. vgl. § 101, 2b. — [10] Ergänzt: אד[ני]. — [11] אמש *'*amš*, tib. *'æmæš*, „gestern abend". — [12] Ergänzt: [ע]ב[ד]ך. — [13] דוה **dauē*, tib. *dåuæ*, „elend, krank". — [14–14] מאז שלחך **mē'az šulḥakā*, tib. *mē'åz šålḥakå*; Inf.-Konstruktion nach § 102, 3: „seitdem du gesandt hast". — [15] Mit וכי „und wenn ..." beginnt ein neuer Satz. — [16–16] לא ידעתה קרא ספ[ר] **lō iada'tā qro' sipr* „du verstehst nicht, einen Brief zu lesen"; so zutreffend K. Elliger, a. a. O., 67f. (S. 93, Anm. 10). Zum Inf. als Akk.-Objekt vgl. § 102, 2. Cross-Freedman, a. a. O. 53, u. a. lösen ידעתה hier und L.-Ostr. 2, 6 als *iada'tō* „du weißt es [nicht]" auf, doch widerspricht dem besonders hier der synt. Zusammenhang. — [17] Zusammengeschrieben für חי יהוה, womit der Nach-

9 קרא ספר [-16] [17]חיהוה [-18]אם נסה א /
10 יש [-18] לקרא לי ספר [19]לנצח [20]וגם /
11 [21]כל ספר אשר [22]יבא אלי [20]אם /
12 קראתי [23]אתה [24]אף [25]ראת [26]מנהו /
13 [-27]כל מאומה [-27] [28]ולעבדך [29]הגד /
14 לאמר ירד שר הצבא /
15 [-30]כבריהו בן אלנתן [-30] [-31]לבא /
16 מצרימה [-31] ואת /
17 [-32]הודויהו בן אחיהו [-32] [33]ו /
18 אנשו שלח [34]לקחת [35]מזה /
19 וספר [36]טביהו [37]עבד המלך [38]הבא /
20 אל [-39]שלם בן ידע [-39] מאת [40]הנבא לאמ /
21 ר [41]השמר [42]שלחה [43]עבדך אל אדני

---

satz beginnt: „. . ., [so schwöre ich] beim Leben Jahwes: . . .". — [18–18] Vgl. § 122, 5b: „niemals hat einer den Versuch gemacht . . .". — [19] לנצח, tib. *lånæṣaḥ*, hier einfach „je". — [20] אם . . . גם „noch habe ich . . ." als Fortsetzung der Beteuerung. — [21] כל im negierten Satz: „irgendein". — [22] Präs.-Fut. mit modaler Abstufung: „der kommen könnte"; vgl. § 100, 2c. — [23] אתה *'ōtō*, tib. *'ōṯō*. — [24] Ergänzt: [אף]; im negierten Satze: „noch". — [25] 1. Pers. Perf. Sg. wie vorhergehendes קראתי, jedoch ohne Vokalbuchstaben im Auslaut: „noch habe ich gesehen . . .". — [26] מנהו **minhū*, vgl. tib. P. *mæ̊nhū*; § 87, 3a. — [27–27] Ergänzt: [כל מאומ[ה „irgend etwas". — [28] Mit [ו]לעבדך beginnt ein neuer Sinnabschnitt. — [29] Perf. Ho. **huggad*. — [30–30] Ergänzt: כבר[יהו] בן אלנתן „Kebarjahu ben Elnatan". — [31–31] Zur Konstruktion **labō' miṣraimā* vgl. § 106, 2a. — [32] „Hodaujahu ben Aḥijahu". — [33] ואנשו **ṷa'anašāṷ*; nach Cross-Freedman, a.a.O., 54 auch **ṷa'anašēṷ*. — [34] Zum Inf. vgl. § 76, 3c. — [35] מזה **mazō*, tib. **måzū*, „Proviant". — [36] Ṭobījahu". — [37] Entweder zivile oder militärische Dienstbezeichnung. — [38] Das Part. bezieht sich auf וספר. — [39–39] „Schallum ben Jadua". — [40] הנבא *hannabī'*, tib. *hannåḇī*: „[von Seiten] des Propheten . . .". — [41] Imp. Ni. — [42] שלחה **šalaḥō* leitet das Prädikat des mit וספר beginnenden, zusammengesetzten Nominalsatzes ein; wörtlich: „Und der Brief . . ., — es sendet ihn [hiermit] . . ."; vgl. § 92, 4b. — [43] Im Ostrakon zu עבך verschrieben.

35. Ein Brief des Simon ben Koseba

משמעון בן כוסבה [1]–לישוע /
בן גלגלה –[1] ולאנשי [2] הכרך /
[3] שלום [4]–מעיד אני עלי–[4] [5] תשמים /
[6] שאם [7] יפסד מן [8] הגללאים [9] שהצלתי /
[10]–כל אדם–[10] שאני [11] נתן [12] תכבלים /
[13] ברגלכם [14] כמה [15] שעסתי /
לבן עפלול /
[16]–שמעון בן כוסבה נסיא ישראל–[16]

[1–1] Zur Schreibung ישוע בן ג⸤ל⸥גלה „Jeschua ben Galgola" vgl. H. L. Ginsberg, BASOR. 131 (1953), 25. — [2] הכרך *hakkarak „und den Männern der Festung"; so mit H. L. Ginsberg, a. a. O. Anders J. T. Milik, Revue Biblique 60 (1953), 276—294: חברך „deine Kompanie". — [3] Ergänzt: [שלו[ם. — [4–4] Nominalsatz nach § 90, 2b, in dem das pronominale Subjekt enklitisch an das Part. angefügt ist: „ich rufe gegen mich zum Zeugen an ...". — [5] תשמים *teššamēm (*teššamaįm) < *it-eššamēm < *'et haššamaįm, wozu sam. it eššåmem (S. 76, Anm. 4. 5) zu vergleichen ist. Zur Auflösung der Form vgl. J. T. Milik, a. a. O., 284. — [6] Ergänzt nach H. L. Ginsberg, a. a. O.: [שאם] „daß, wenn...". — [7] Lesung unklar; im Anschluß an H. L. Ginsberg, a. a. O.: = Imperf. Ho. (oder Ni. [?]) „wenn geschädigt wird ...". — [8] הגללאים *haggalīlī'īm, tib. hagg^e^līlīįįīm, „von den Galiläern". Der Gebrauch von Alef für Jod zwischen Vokalen findet sich in AF. oft; Tib. ist die Aussprache von Jod durch sekundäre Gemination sichergestellt, so daß dem Schriftbild -īįįīm die Aussprache -īįīm entspricht; vgl. § 41, 4. — [9] Wz. נצל; zum Attributsatz vgl. § 115, 4a. c. — [10–10] Subjekt zu יפסד; „irgend jemand". — [11] Part. Akt. Qal. — [12] תכבלים *tekkablēm < *'et hakkablaįm, tib. 'eṯ hakkabláįim „die Fußeisen"; vgl. Anm. 5. — [13] Defektiv für ברגליכם. — [14] כמה „wie ...". — [15] Ergänzt: [שעסת[י; so für שעשיתי, tib. šæ'åśīṯī. — [16–16] Zur Ergänzung des Briefschlusses: [ש]מעון ב[ן] כוסבה נסיא י⸤שראל vgl. J. T. Milik, a. a. O., 293 f.. Zu נסיא für נשיא vgl. Anm. 15: Die Buchstaben ש und ס werden in der Aussprache nicht mehr unterschieden und daher öfter verwechselt.

ANHANG

Wörterverzeichnis

Römische Ziffern vor einzelnen Stämmen und Wörtern zeigen deren Klassifizierung nach W. Gesenius - F. Buhl, Handwörterbuch über das Alte Testament [17] (1921), an.

Abkürzungen: E. = Eigenname, O. = Ortsname

אָב (58, 1) Vater

אבד (77, 1) umherirren, zugrunde gehen; Pi. zugrunde richten, ausrotten; Hi. vernichten, ausrotten

אבה (77, 1) wollen (meist mit Negation)

אֶבְיוֹן arm, elend, unglücklich

*אָבִיר cstr. אֲבִיר stark; אֲבִיר יִשְׂרָאֵל der Starke Israels (= Gottesbezeichnung)

אֶ֫בֶן F. Stein

אַבְרָהָם Abraham (E.)

אֲבִישַׁי, אַבְשַׁי Abisai (E.)

אֵד unterirdischer Strom, Grundwasser (?)

אָדוֹן (41, 7b; 48, 1a) Herr

אֲדֹנָי (17, 2) Herr (= Gottesbezeichnung)

אַדִּיר groß, gewaltig, vornehm, herrlich

אָדָם Mensch, Menschen

אֲדָמָה Erde, Acker, Land

אֲדֹנִירָם, אֲדֹרָם Adoniram (E.)

אהב (77, 2) lieben; Ni. Part. נֶאֱהָב liebenswert, liebenswürdig

אַהֲבָה (35, 1b) Liebe

אֹ֫הֶל (52, 2a) Zelt

אַהֲרֹן Aaron (E.)
אוֹי wehe!
אוּלַי vielleicht
אוּלָם, אֻלָם dagegen, aber
אִוֶּלֶת Torheit, Gottlosigkeit
אָוֶן Mühe, Frevel, Sünde, Lüge, Täuschung
אור (80, 6) Hi. leuchten
אוֹר Licht
אוֹת Pl. אוֹתוֹת, אֹתֹת Zeichen
אות (80, 3) willfahren, sich einlassen
אָז (100, 2d) damals, dann; מֵאָז seit damals, seitdem
אזן (73, 4b) Hi. zuhören
אֹזֶן F. (52, 1) Ohr
אזר Pi. umgürten
אֶזְרָח Einheimischer, Vollbürger
אָח (58, 2) Bruder
אֶחָד (59, 1) eins; einer, irgendeiner, jemand; jeder einzelne
אָחוֹר Rückseite, hinten, rückwärts
אָחוֹת (58, 3) Schwester
אֲחִיָּה, אֲחִיָּהוּ Ahia (E.)
אַחֵר anderer, folgender, zweiter
אַחַר (87, 3g) hinten; hinter, nach. אַחֲרֵי־כֵן hierauf; אַחֲרֵי אֲשֶׁר, אַחַר אֲשֶׁר nachdem
אַחֲרוֹן hinterer, folgender, letzter
אַחֲרִית Ende
אָטָד Dornstrauch, Bockshorn
אֵי (31, 2c) wo? welcher? אֵי־מִזֶּה woher?
אֹיֵב Feind

אֵיבָה Feindschaft

אִיּוֹב Hiob (E.)

אֵיךְ, אֵיכָה (31, 2d) wie?

אַיָּלָה Hirschkuh

I אַ֫יִן (86, 9a) Nichtsein, nicht

II אַ֫יִן (31, 2d) wo?

אַ֫יִל (52,3) Widder, Pl. abs. אֵלִים

אֵיפֹה (31, 2d) wo? wie?

אִישׁ (58,8) Mann, Mensch; irgendeiner, jemand, jeder

אַךְ gewiß, nur

אכל (77,1) essen; Ni. gegessen werden; Hi. essen lassen, zu essen geben

אֹ֫כֶל (52, 1) Speise

אָכֵן fürwahr!; aber, dennoch

אַל (86,5) nicht

אֵל Gott

אֶל (87, 3d) zu, nach, gegen, wider, bis zu, in (etwas) hinein

אֵלָה, אַלָּה (42, 7) großer Baum: Eiche, Terebinthe (?)

אֱלֹהִים (94, 3d) Gott, Götter

אֵ֫לֶּה (31, 1a) Pl. diese

I אלם Pi. (Garben) binden

II אלם Ni. stumm werden oder sein

*אֲלֻמָּה (54, 2d) Pl. אֲלֻמִּים, suff. אֲלֻמֹּתֵיכֶם Garbe

אַלְמָנָה Witwe

אֶלְנָתָן Elnathan (E.)

אֶלְעָזָר Eleasar (E.)

*אֶלֶף Pl. אֲלָפִים Rind

אֶלֶף (59,5) tausend

אֵם (33, 3c; 51, 2b) Mutter

אִם (88, 2b; 86, 3b) wenn, dann wenn; ob

אָמָה Sklavin, Magd

אַמָּה Unterarm, Elle; Türzapfen

אמן Ni. fest, zuverlässig, treu sein; Hi. vertrauen

אמץ (a) kräftig, mutig sein; Pi. festigen, großziehen; Hitp. entschlossen sein, etwas eilig tun

אמר (77, 1) sprechen, sagen, denken

אֹמֶר (52, 1) Spruch, Wort

אֱמֹרִי Amoriter

אֶמֶשׁ gestern abend

אֱמֶת suff. אֲמִתּוֹ Zuverlässigkeit, Beständigkeit, Treue, Wahrheit

אָן, אָנָה (31, 2d) wo? wohin?

אֲנוּ (30, 2b) wir

אֱנוֹשׁ Mensch

אֲנַחְנוּ (30, 2) wir

אֲנִי (30, 2) ich

אֳנִיָּה (42, 7) Schiff

אָנֹכִי (30, 2) ich

אסף (77, 2a) ein-, versammeln, ein-, zurückziehen; Ni. sich versammeln, sich zurückziehen, eingesammelt werden

אַף sogar, auch

אַף כִּי etwa

אַף (51, 1) Nase, Angesicht; Zorn

אֶפְעֶה Nichts, Chaos (?); Otter, Schlange

אֵפֶר Staub

אֶפְרַיִם Ephraim

אֶצְבַּע F. (29, 1) Finger

אַרְבַּע (59, 1) vier

אַרְגָּמָן Purpurwolle

אֶרֶז Zeder

אֹרַח Pl. abs. אֳרָחוֹת, cstr. אָרְחוֹת Weg, Pfad

*אֹרְחָה cstr. אֹרְחַת Karawane

אֲרִי (52, 4b) Pl. אֲרָיִים und אֲרָיוֹת Löwe

ארך (73, 2) lang sein, werden; Hi. lang machen, lange währen

אֹרֶךְ Länge

אֲרָם Aram, Aramäer

אֶרֶץ Land, Erde, Erdboden; אַרְצָה (45, 3c) zur Erde, zu Boden

ארר (o; 79, 2a) Qal und Pi. verfluchen

אֵשׁ F. Feuer

אִשָּׁה (58,8) Frau, jede

אַשּׁוּר Assur, Assyrer, Assyrien

אֲשִׁישָׁה Traubenkuchen

אָשָׁם Schuld, Schuldopfer

אַשְׁמָה Schuld, Verschuldung

אַשְׁקְלוֹן Askalon (O.)

I אשר einhergehen

II אשר Pi. glücklich preisen

אֲשֶׁר (31, 3) Relativpartikel; (88, 2b) Konjunktion

אֵת (87, 3b) Akk.-Partikel

אֵת (87, 3b) bei, mit

אַתְּ F. (30, 2a) du

אַתָּה M. (30, 2a) du
אָתוֹן Eselin
אַתֶּם M. (30, 2a) ihr
אַתֶּן, אַתֵּנָה F. (30, 2a) ihr

בְּ (87, 2) in, an, bei
באשׁ (a; 74, 2a) stinken; Ni. sich verhaßt machen (mit בְּ der Person); Hi. stinkend machen, verhaßt sein
בְּדִיל* Pl. suff. בְּדִילַיִךְ (Metall-)Schlacken
בֶּגֶד (52, 1) Kleid, Decke
בדל Ni. sich absondern; Hi. trennen
בְּדֹלַח Bdellium
בֹּהוּ Leere; תֹּהוּ וָבֹהוּ Wüste und Leere, Chaos
בהל Ni. erschreckt werden; Pi. erschrecken (trans.)
בְּהֵמָה Vieh, Tiere
בוא (83, 6) hineingehen, kommen; Hi. bringen
בּוֹר Zisterne, Grube, Grab
בושׁ (80, 3a) sich schämen, zuschanden werden; Hi. (jem.) Schande machen, beschämt werden; Hiṯpolel sich voreinander schämen
בזה (82, 2) gering schätzen; Ni. Part. נִבְזֶה verachtet
בחר (74, 2) wählen, aus-, erwählen; Ni. = Pass.
בטח (75, 2) trauen, vertrauen; Hi. Vertrauen einflößen
בֶּטֶן Leib, Mutterleib
בין (80, 3) bemerken, wahrnehmen, achtgeben auf, verstehen; Ni. klug sein; Hi. belehren (auch = Qal); Hiṯpolel achten auf, verstehen
בֵּין (87, 3e) zwischen
בִּינָה Verstehen, Verstand, Einsicht

בַּ֫יִת (58, 15) Haus

בֵּית לֶ֫חֶם Bethlehem (O.)

בֵּית רְחוֹב Beth-Rehob (O.)

בכה (82, 2) weinen

בְּכֹר, בְּכוֹר erstgeboren

בַּל (86, 5) nicht

בְּלִי (87, 3h) Nichtsein, ohne; un-, -los

בְּלִ֫יַּעַל Bosheit, Verderben; Verderber, Belial

בלע (75, 2) Qal und Pi. verschlingen, zugrunde richten

בִּלְעָם Bileam (E.)

בָּלָק Balak (E.)

בִּלְתִּי ohne, un-; (88, 2b) ohne daß; לְבִלְתִּי (117, 2c) negiert Inf. und zuweilen Imperf.

בָּמָה Höhe, Kulthöhe, Grabmal

בְּמוֹ (87, 2h) s. unter בְּ

בֵּן (58,4) Sohn, Schüler

בנה (82, 2) bauen, erbauen

בְּעַד (87, 3f) zwischen, durch, hinter

בְּעוֹר Beor (E.)

בַּ֫עַל Herr, Besitzer, Eheherr; Ba'al

I בעל Ni. zur Frau genommen werden

I בער (74,2) brennen; Pi. anzünden; Pu. Part. F. P. מְבֹעֶ֫רֶת angezündet; Hi. anzünden, verbrennen

II בער Pi. wegräumen, verwüsten

בֶּ֫צַע Gewinn

בקע (75) spalten, erobern, hervorbrechen, vordringen (?)

בִּקְעָה Ebene

בָּקָר Rindvieh

בֹּקֶר Morgen

בקשׁ Pi. suchen, zu erreichen suchen, verlangen, fordern, trachten nach

בַּר rein

בֹּר Lauge, Pottasche

ברא (81, 2) schaffen; Ni. = Pass.

בָּרוּךְ s. unter ברך

בַּרְזֶל Eisen

בְּרִית Bund

ברך Part. Pass. בָּרוּךְ gesegnet, gepriesen; Ni. und Hitp. sich segnen, sich glücklich preisen; Pi. segnen, loben, preisen; Pu. = Pass.

בְּרָכָה Segen

בְּרֵכָה Teich

בָּשָׂר Fleisch, Leib

בשׂר Pi. durch frohe Botschaft erfreuen, bekannt machen

בַּת (58,5) Tochter

גאל (74,2) aus-, erlösen

גבה hoch, erhaben sein; Hi. hoch machen

גָּבֹהַּ hoch

גְּבוּל Grenze, Gebiet

גִּבּוֹר stark, gewaltig; Berufssoldat, Held

גְּבִירָה Herrin, Gebieterin

גבע Höhe

גִּבְעָה Gibea (O.)

גבר stark sein, siegen; Hi. sich mächtig erweisen

גֶּבֶר Mann

גָּדוֹל groß, angesehen

גדל (a) groß sein bzw. werden; Pi. erziehen; Hi. groß machen

גּוֹי Volk; Pl. גּוֹיִם Völker, Heiden

גָּוַע (a; 80, 1b) verscheiden

גור (80, 2) sich als Schutzbürger niederlassen

גּוֹרָל Los, Anteil, Geschick

גזה (82, 2i), suff. Part. גּוֹזִי, loslösen, trennen

גזז (o; 79, 2) abschneiden, scheren

גזל (o) berauben; Ni. = Pass.

גזר (a) in zwei Teile zerschneiden; Ni. abgeschieden, getrennt werden, zugrunde gehen

גָּחוֹן Bauch

גַּיְא (52, 3c) Tal, Niederung

גִּיד* Pl. גִּידִים Sehne

גִּלְבֹּעַ Gilboa (Gebirgsname)

גַּל Welle

גלגלה Galgola (E.)

גלה (82) entblößen, deportiert werden; Ni. sich entblößen, offenbar werden; Pi. aufdecken, entblößen; Hi. ins Exil führen

גלח Pi. scheren

גְּלִילִי Galiläer

גִּלְעָד Gilead (Landschaftsname)

גַּם auch, sogar

גמל (o) fertig, reif werden; antun, erweisen

גָּמָל (50, 2c) Kamel

גַּן Garten

גנב (o) stehlen, täuschen

גַּנָּב Dieb

געל (75, 2) verabscheuen; Ni. besudelt werden

גער (75, 2) anschreien, schelten

גְּעָרָה Schelten, Drohen
גַּעַשׁ* P. גָּעַשׁ Ga'as (Bergname)
גַּף* Pl. cstr. גַּפֵּי Wölbung, Rücken
גֶּפֶן Weinrebe, Weinstock
גֵּר Fremdling, Schutzbürger
גרה (82, 4) Pi. Streit erregen, angreifen
גרד Hiṯp. sich schaben
גַּרְזֶן Axt, Hacke
גרשׁ Pi. wegtreiben, vertreiben
גַּת Gath (O.)

דִּבָּה Verleumdung, üble Nachrede
דבק (a) kleben, jem. fest anhangen; Hi. ankleben (trans.)
I דבר Hi. treiben, unterjochen
II דבר Pi. reden
דָּבָר Wort, Nachricht, Sache, Angelegenheit
דָּג Fisch (auch kollektiv)
דֶּגֶל Fahne, Abteilung, Wirtshauszeichen (?)
דָּוִד David (E.)
דָּוֶה elend, krank
דּוֹר Geschlecht, Menschenalter, Generation
דְּיוֹ Tinte
דכא Pi. zerschlagen; Pu. zerschlagen sein, werden
דלה (82, 2.4) schöpfen; Pi. retten
דֶּלֶת (57, 1) Tür, Türflügel; Spalte, Kolumne
דָּם Blut
דמה (82, 3) Ni. vernichtet werden
דמם (o; 79, 2a) verstummen, aufhören

דַּעַת (78, 3a) Wissen, Erkenntnis
דַּרְדַּר Dorngestrüpp
דֶּרֶךְ M. F. Weg, Wandel
דרשׁ (o) sich erkundigen, fragen nach, sorgen für; bedacht sein auf, fordern; Ni. = Pass.
דֶּשֶׁא frisches Grün, Gras
דשׁן Pi. fett machen, salben
דֶּשֶׁן Fett

הַ (32) Artikel, Determinativ
הֲ (86, 3) Fragepartikel
הַב (89, 2) gib! wohlan!
הֶבֶל Hauch, Nichts, Täuschung
הגה (82, 2) knurren, sinnen, nachdenken
הגי (AF.) Meditation (?)
הֲדַדְעֶזֶר Hadad-Eser (E.)
הָדָר Schmuck, Glanz, Herrlichkeit, Hoheit
הֲדָרָה* cstr. הַדְרַת Schmuck
הוּא (30, 2; 31, 1b) er, jener
הואה (AF.) s. unter הוּא
הוֹד Hoheit, Majestät, Glanz, Pracht
הוֹדַוְיָהוּ Hodawja (E.)
הוֹי wehe! ach!
הום (80, 4) Ni. in Bewegung geraten
הוֹן Reichtum, Güter
הִיא (30, 2; 31, 1b) sie, jene
היאה (AF.) s. unter הִיא
היה (82, 2. 3) geschehen, werden, sein, existieren; הָיָה לְ jem. gehören, הָיָה עַל über jem. kommen; Ni. ins Dasein gesetzt werden, Part. נִהְיָה künftig

הֵיכָל Palast, Tempel

הַלָּזֶה (31, 1a) dieser

הלך (78, 9) gehen, wandeln; Pi. gehen, wandeln, fahren, ziehen; Hiṯp. wandeln, umhergehen; Hi. gehen lassen, führen

הלל (79, 4a) Pi. jubeln, rühmen, preisen; Pu. = Pass.; Hiṯp. sich rühmen, gelobt werden

הֵם, הֵמָּה M. Pl. (30, 2) sie

המה (82, 2) brummen, knurren, aufgeregt sein

הָמוֹן Geräusch, Lärm, Tosen

הֵן, הִנֵּה (89, 2) siehe!

הֵנָּה F. Pl. (30, 2) sie

הֵנָּה (31, 1d) hier, hierher

הפך (o; 73) wenden, umkehren, umstürzen, zerstören; Ni. und Hiṯp. sich wenden, zerstört werden

הַר Berg, Gebirge

הַרְבֵּה s. unter רבה

הרג (o; 73, 2) töten, morden

הֵרוֹן* suff. הֵרֹנֵךְ Schwangerschaft

וְ (88, 1) und; (112, 1. 2) und zwar, das heißt; aber, jedoch

זאת F. (31, 1a) diese

זֶבַח Schlachtopfer

זדה Spalte, Loch (?)

זֶה M. (31, 1a) dieser; (31, 3c) welcher; בָּזֶה hier; מִזֶּה von hier

זָהָב Gold

זַיִת Ölbaum

זכה (82) rein sein; Pi. rein erhalten; Hiṯp. (28, 2) sich reinigen

זכר (o) gedenken; Hi. erwähnen, nennen

זָכָר Mann, Männchen

זֵ֫כֶר Gedenken, Gedächtnis

זמם (o; 79, 2) sinnen, denken; nach etw. trachten

זמר Pi. musizieren, spielen

זוֹנָה Dirne

זנה (82, 2) huren, Götzendienst treiben

זֵעָה* cstr. זֵעַת Schweiß

זקן (a) alt sein, werden

זָקָן Bart

זָקֵן alt, Greis, Ältester

זִקְנָה (35, 1b) Altwerden, Alter

זְקֻנִים (37, 5a) Greisenalter

זְר֫וֹעַ Arm, Kraft, Macht

זרח (75, 2) aufgehen (v. d. Sonne)

זֶ֫רֶם Wolkenbruch

זֶ֫רַע Same, Nachkommenschaft

חבא (73; 81) Ni. und Hiṯp. sich verbergen; Hi. verstecken, verbergen

חַבּוּרָה Strieme, Wunde

חֲבַצֶּ֫לֶת Affodil, Herbstzeitlose, Narzisse

חָבֵר* suff. חֲבֵרוֹ, Pl. חֲבֵרִים Gefährte, Genosse

חֶבְרוֹן Hebron (O.)

חֲגוֹר Gürtel

חֲגוֹרָה Gürtel, Schurz

חגר (o; 73, 2) gürten, umgürten

חדל (a; 73, 2) ablassen (v. etw.), aufhören

חָדֵל Verzicht leistend; verlassen
חדשׁ Pi. erneuern
חָדָשׁ neu
חֹ֫דֶשׁ Neumond, Monat
I חוה Pi. anzeigen, verkünden
II חוה (82, 5c) Hištaf'al sich beugen, niederwerfen
ח֫וֹחַ Dorn
חוּץ Straße, Gasse, draußen
I חושׁ (80, 3) eilen
חזק (a; 73) fest, stark sein; Pi. fest, stark machen; Hitp. sich als stark, mutig erweisen; Hi. fest, stark machen. — חזק בְּ etwas ergreifen, festhalten
חָזָק stark
חטא (73; 81) sündigen; Pi. entsündigen; Hi. jem. zur Sünde verführen
חֵטְא Vergehen, Sündenschuld
*חַטָּא F. חַטָּאָה, Pl. חַטָּאִים sündig, Sünder
חַטָּאָה, חַטָּאת Sünde, Sündopfer
חַי lebend, lebendig
*חַי Pl. חַיִּים Leben
חיה (82) leben, wiederaufleben; Pi. leben lassen, wiederbeleben; Hi. am Leben erhalten
חַיָּה Tier, Getier
חיל (82, 3. 5) unter Geburtsschmerzen beben; Polel unter Wehen gebären, in Wehen versetzen
חַ֫יִל Kraft, Stärke, Tüchtigkeit, Heer
חֵילָם Helam (O.)
חֵךְ Gaumen
חָכְמָה, חָכְמוֹת (41, 5c) Weisheit
חֵ֫לֶב Fett; Bestes
חלה (82) schwach, krank sein; Ni. erschöpft sein; Pi. besänftigen, krank machen; Hi. krank machen

חֲלוֹם Traum

חֳלִי (52, 4b) Krankheit

* חָלִיל Profanes, Abgewehrtes; חָלִילָה לִי fern sei es mir!

II חלל (79) durchbohrt sein (?); Pi. durchbohren; Pu. = Pass.; Polel durchbohren, Part. Pass. מְחוֹלָל durchbohrt

II חָלָל durchbohrt, getötet, erschlagen

חלם (o; 73) träumen

II חלק (o; 73) (durchs Los) verteilen; Ni. ausgeteilt werden, sich teilen; Pi. teilen, zuteilen

II חֵלֶק Teil, Anteil

חֶלְקָה Feldbesitz

חמד (o; 73, 2. 3) etw. begehren; an etw. Gefallen finden; Ni. Part. נֶחְמָד begehrenswert; Pi. begehren

חֵמָה Glut, Zorn

חַמָּה Wärme, Glut, Sonne

* חָמוּץ cstr. חֲמוּץ bedrückt

* חָמוֹת (58, 7) suff. חֲמוֹתֵךְ Schwiegermutter

חֲמִישִׁי (60, 1) fünfter

חָמָס Gewaltat, Unrecht

חָמֵשׁ (59, 1) fünf

חֵן Gunst, Gnade, Anmut, Schönheit

חנה (82, 2) sich niederlassen, sich lagern; חנה על belagern

חָנוּן Hanun (E.)

חֲנִית (56, 1c) Speer (auch kollektiv)

חֲנֻכָּה Einweihung

חִנָּם ohne Entschädigung, vergebens, ohne Ursache

I חנן (o; 79, 2) sich erbarmen; Hitp. um Erbarmen flehen

חֶסֶד Liebe, Gunst, Gnade

חסה (73, 2; 82, 2) sich bergen, Zuflucht suchen
חָסִיד fromm
חֲסִידָה Storch
חָסֵר (a; 73, 2) fehlen, Mangel haben; Pi. mangeln lassen
חָסֵר ermangelnd; חֲסַר־לֵב unverständig
חֻפָּה Brautgemach
חפז (o; 73, 2. 3) aufgeschreckt, bestürzt werden; Ni. ängstlich fliehen
חָפֵץ (o; 73, 2) Gefallen haben
חֵפֶץ Freude, Gefallen
חֵץ Pfeil
חצב (o; 73, 2) spalten, hauen, aushauen
חַצָּב mittelhebr. Steinhauer; Siloah-Inschrift: Pl. החצבם
חֲצִי Hälfte, Mitte
חָצִיר Gras
חָצֵר Vorhof
חֹק (51) Festgesetztes, Satzung, Entschließung, Pensum, Gewohnheit, Sitte
חקר (o; 73, 2) erforschen, auskundschaften
חֶרֶב F. Messer, Schwert
*חָרִיץ Pl. cstr. חֲרִיצֵי Pickel, Haue (?)
חֹרֶף Herbst, Winter
חֶרְפָּה Schmähung, Schmach
חֶרֶשׂ Ton, Scherbe
חרשׁ (o; 73, 2) einschneiden, pflügen
חשׂף (o; 73, 2) abschälen, entblößen
חשׁב (o; 73) anrechnen, achten, denken; Ni. geachtet werden; Pi. rechnen, nachdenken

חֹשֶׁךְ Finsternis
חִתִּי Hethiter
חָתָן Bräutigam

טבח (75, 2) schlachten, töten
טֶבַח Schlachten, zum Schlachten Bestimmtes
טוֹב angenehm, brauchbar, schön, freundlich, gütig, gut
טוֹב Tob (Landschaftsname)
טוֹבִיָּהוּ Tobias (E.)
טַל Tau
טָמֵא unrein
טמן (o) verbergen, verborgen aufstellen
טעם (74, 2) kosten, schmecken, fühlen, empfinden
טַף (Koll.) Kleinkinder
טֹרַח Last
טֶרֶם, בְּטֶרֶם (100, 2b) noch nicht, (121, 1c) bevor
III טֶרֶף Nahrung

יאוֹשׁ Jaos (E.)
יֹאשִׁיָּהוּ Josia (E.)
יְבוּסִי Jebusiter
יבל (78, 7. 8) Hi. führen; Ho. = Pass.
* יְבָמָה suff. יְבִמְתֵּךְ Schwägerin
יָבֵשׁ (78) trocken sein, werden; Pi. austrocknen (trans.); Hi. austrocknen (trans.), vertrocknen (intrans.)
יָבֵשׁ trocken
יגע (78, 2b. 7) ermüdet sein, sich bemühen, arbeiten; Pi. und Hi. ermüden (trans.)

יָד Hand; Macht, Kraft, Seite; Du. יָדַיִם Hände, beide Seiten; (60, 5) Pl. יָדוֹת -mal; cstr. בְּיַד durch

II ידה (78, 7) Hi. loben, preisen, bekennen

יַדּוּעַ Jaddua (E.)

ידע (78) wahrnehmen, kennen, erkennen, verstehen, wissen; Ni. sich zu erkennen geben, bekannt werden; Hi. wissen lassen, kundtun, mitteilen; Ho. = Pass.

יָהּ Jah (Kurzform für Jahwe)

יְהוּדָה Juda

יְהוּדִי Judäer; Jehudi (E.)

יְהוָֹה, יְהוָה (17, 2) Jahwe; יְהוָה צְבָאוֹת; יְהוָה אֱלֹהֵי צְבָאוֹת Jahwe, Gott der Heerscharen

יְהוֹנָתָן Jonathan (E.)

יְהוֹשׁוּעַ Josua (E.)

יוֹאָב Joab (E.)

יוֹם (58, 19) Tag; Adv. הַיּוֹם heute, eines Tages

יוֹנֵק Säugling, Sprößling, Wurzelschoß

יוֹסֵף Josef (E.)

יַחַד Vereinigung, (AF.) Einung, Orden; (86, 7) adv. יַחַד, יַחְדָּו, (AF.) ליחד zusammen, miteinander; (AF.) ליחד ב inmitten von

יחל (74, 3) Pi. warten, harren

יטב* (78, 2b) gut sein; Hi. gut handeln, wohltun

יַיִן Wein

יָכֹל (68, 2a. f) vermögen, können, ertragen, aushalten, überlegen sein

ילד (78) gebären, zeugen; Qal Pass., Ni. und Ho. = Pass.; Pi. Geburtshilfe leisten; Hi. zeugen

יֶ֫לֶד Kind, Knabe, Jüngling

יָם Meer; (45, 3c) יָ֫מָּה nach dem Meer

יָמִין rechts, rechte Seite, Rechte

ינק (78, 2b) saugen; Hi. säugen

יסד (78, 2b. 5) gründen; Pi. gründen, anordnen; Pu. gegründet sein

יסף (78, 3d. 7a) Qal und Hi. hinzufügen, fortfahren

יסר (78, 3c. 5) züchtigen; Pi. züchtigen, zurechtweisen

* יָעֵל Pl. יְעֵלִים Steinbock

יעץ (78, 2b. 4) raten, beschließen; Ni. ratschlagen, raten

יַעֲקֹב Jakob (E.)

יַ֫עַר Gebüsch, Wald

יְפִי P. יֹ֫פִי (52, 4b) Schönheit

יצא (83, 4a) herausgehen, ausziehen, hervorbrechen; Hi. herausführen, hervorbringen

יצב (78, 6b) Hiṭp. sich hinstellen; s. auch u. נצב

יִצְחָק Isaak (E.)

יצר (78, 3c) gestalten, bilden

יקר (78, 1b. 3b) kostbar sein

יָקָר kostbar, prächtig

יָרֵא (78, 2b) trans. u. intrans. fürchten; Part. יָרֵא fürchtend; Ni. gefürchtet werden; Part. נוֹרָא furchtbar; Pi. in Furcht setzen

יִרְאָה (35, 1b) Furcht

יָרָבְעָם Jerobeam (E.)

ירד (78, 2a. 7a) hinabsteigen; Hi. herunterbringen

יַרְדֵּן (meist mit Artikel) Jordan

יְרוּשָׁלַ֫ם (17, 2) Jerusalem (O.)

יָ֫רֵחַ Mond

יְרִיחוֹ, יְרֵחוֹ Jericho (O.)

יְרִיעָה Zelttuch

ירשׁ (78, 3b. 7a) in Besitz nehmen, beerben; Hi. (jem. etw.) zum Besitz geben, in Besitz nehmen, vertreiben

יִשְׂרָאֵל Israel

יֵשׁ (86, 9b) Vorhandensein, es gibt

ישׁב (78, 3a. 7a) sich setzen, sitzen bleiben, wohnen; Hi. sitzen lassen, bleiben lassen, wohnen lassen

יֵשׁ֫וּעַ Jeschua (E.)

יְשׁוּעָה Hilfe

יִשַׁי Isai (E.)

יִשְׁמָעֵאל Ismael, Ismaeliter

יִשְׁמְעֵאלִי Pl. יִשְׁמְעֵאלִים Ismaeliter

יָשֵׁן (78, 2b) schlafen

ישׁע (78, 4. 7a) Ni. Rettung, Hilfe erfahren; Hi. retten, helfen

יֵ֫שַׁע Hilfe, Rettung

ישׁר (78, 2b. 5) recht sein; Pi. ebnen, gerade machen, geradeaus gehen

יָשָׁר gerade, recht, richtig, redlich

יָתוֹם Waise

יֶ֫תֶר Rest

כְּ (87, 2a) wie, ungefähr, etwa, nach, gemäß; (102, 3) während, indem, als, da

כָּבֵד (a) schwer, angesehen sein; Ni. geachtet werden, Ehre einlegen; Pi. ehren; Hi. schwer machen, zu Ehren bringen

כָּבֵד schwer, reich

כבה (82, 2. 4) erlöschen; Pi. auslöschen

כָּבוֹד Ehre, Ruhm, Herrlichkeit

כֶּ֫בֶל Fußeisen

כבריהו Kebarjahu (E.)

כֶּ֫בֶשׂ Lamm

כֹּה (31, 1d) so; hier

כוה (82, 3) Ni. sich verbrennen

כֹּהֵן Priester

כּוֹכָב Stern

כון (80) Ni. fest werden, sein; aufgestellt, gegründet sein, Part. נָכוֹן fest, sicher; Hi. u. Polel stellen, herrichten, gründen

כּוֹס Becher

כוסבה Koseba (E.)

כּוּשׁ Kusch, Äthiopien

כּוּשִׁי Kuschit; Kus (E.)

כֹּ֫חַ, כּ֫וֹחַ Kraft

כחשׁ (74, 1b) Pi. lügen, (mit בְּ) verleugnen

כִּי denn, daß, weil, als da, wenn, fürwahr; (nach Negationen) vielmehr, sondern

כִּישׁוֹר Spinnwirtel

כָּ֫כָה so

כִּכָּר Umkreis; Talent (= Gewichts- und Werteinheit)

כֹּל Gesamtheit; ganz, alle, alles; jeder, jede, jedes; irgendeiner, irgendetwas, allerlei

כלא (81) zurückhalten

כֶּ֫לֶב Hund

כלה (82, 2. 4) vollendet, zu Ende sein, hinschwinden; Pi. vollenden, aufreiben, vertilgen

כַּלָּה Schwiegertochter, Braut

כְּלִי (52, 4b) Gefäß, Gerät, Werkzeug; Pl. כֵּלִים Waffen

כלם Ni. sich beschämt fühlen, sich schämen, beschimpft werden; Hi. beschämen, beleidigen

כְּלִמָּה Scham, Schmach

כְּמוֹ (87, 2h) s. u. כְּ

כֵּן so, also; לָכֵן darum, deshalb; עַל־כֵּן deswegen

כְּנַעַן (41,3) Kanaan

כְּנַעֲנִי Kanaanäer, Händler

כָּנָף F. Flügel, Rand, Saum

כֹּפֶר Lösegeld

כִּסֵּא Sessel, Thron

כסה (82, 4) Pi. bedecken; Hiṭp. sich verhüllen, sich verbergen

כְּסִילוּת Torheit

כֶּסֶף Silber, Geld; Silbersekel

כַּף F., Du. כַּפַּיִם, hohle Hand, Handfläche, Fußsohle

כְּפִיר junger Löwe

כפר Pi. sühnen; Pu. = Pass.

כְּרוּב Cherub

כְּרָךְ mittelhebr. Stadt, Burg, Festung

כֶּרֶם Weinberg

כרת (o) schneiden, abschneiden, כָּרַת בְּרִית einen Bund schließen; Ni. ausgerottet werden; Hi. ausrotten

כַּשְׂדִּים Pl. Chaldäer

כשל (o) Qal und Ni. straucheln; Hi. straucheln lassen

כתב (o) schreiben; Ni. geschrieben, aufgezeichnet werden

כְּתֹנֶת (58, 22) Leibrock

לְ (87, 2) nach, zu, für, gegen, an, wegen, in bezug auf
לֹא nicht
לאה (82) ermüden; Ni. ermüdet, erschöpft sein; Hi. müde machen
לְאוֹם, לְאֹם, Pl. לְאֻמִּים und לְאוּמִּים, Volk, Nation
לֵב, לֵבָב Herz, Verstand, Mitte, Inneres
לְבַד (86,8) allein
לְבוּשׁ, לְבֻשׁ Kleid, Gewand
לְבָנוֹן Libanon
לבשׁ (a) anziehen; Hi. bekleiden
להב (o) lodern, flammen, blitzen
לֶהָבָה Flamme
להט lodern; Pi. anzünden
*לַ֫הַט cstr. לַ֫הַט Flamme
לָהֵן deshalb
לִוְיָתָן Leviathan, Schlange
I לחם (74, 1a) Ni. kämpfen, streiten
II לחם (74, 2a) essen
לֶ֫חֶם Brot, Speise
לֹט Mastixrinde
לַ֫יִל, לַ֫יְלָה Nacht; הַלַּ֫יְלָה heute nacht
לין (80, 3) übernachten, weilen, sich niederlassen
לכד (o) fangen, erobern; Ni. = Pass.
לָכֵן s. u. כֵּן
למד (a) lernen; Pi. lehren
לָמָה, לָ֫מָּה s. u. מָה
לקח (76, 1) nehmen, fassen, ergreifen, kaufen; Qal Pass. genommen werden
לקט (o) Qal und Pi. sammeln, auflesen

לַשָּׁוְא s. unter שָׁוְא
לָשׁוֹן Zunge, Sprache
לִשְׁכָּה Zimmer, Zelle

מְאֹד Kraft, sehr
מֵאָה (59, 4) hundert
מְאוּמָה irgend etwas
מָאוֹר Licht, Lichtkörper
מַאֲכָל Speise, Nahrung
מַאֲפֵל Finsternis
מָבוֹא Eingehen, Eingang; מְבוֹא הַשֶּׁמֶשׁ der Sonnenuntergang
מַבּוּל Himmelsozean, Wasserflut
מִבְטָח Vertrauen
*מַגְזֵרָה Pl. cstr. מַגְזְרוֹת Axt
מְגִלָּה Buchrolle
מָגֵן Schild
מְגֵרָה Säge
מִדְבָּר Wüste, Steppe
*מָדוּ, *מַדְוֶה Pl. suff. מַדְוֵיהֶם Kleid
מִדְיָן Midian
מִדְיָנִי Midianiter
מָה (31, 2b) was?, wie?, warum?; לָמָה, לָמָּה warum?
מהל Part. Pass. מָהוּל verfälscht
מוֹאָב Moab
מוט (80, 3. 4) Qal und Ni. wanken
מוּסָר Züchtigung, Zurechtweisung, Unterweisung

מוֹעֵד Zusammenkunft, Fest, Festzeit, Festversammlung

מוֹפֵת Wunder

מוֹצָא Ausgehen, Ausgang; מוֹצָא הַשֶּׁמֶשׁ Sonnenaufgang

מוֹקֵשׁ Wurfholz, Stellholz, Falle

מות (80, 3. 6) sterben; Hi. töten

מָוֶת (52, 3a) Tod; cstr. מוֹת

מִזְבֵּחַ Altar

מָזוּ*, מזה Proviant

מזורות tib. Pl. מַזָּרוֹת Hyaden (?), Sterne (poet.)

מִזְמוֹר Lied, Psalm

מִזְרָח Sonnenaufgang, Osten

מָחוֹל Tanz, Reigen

מַחְסֶה Zuflucht, Zufluchtsort; (98, 1b) מַחֲסִי עֹז meine mächtige Zuflucht

מָטָר Regen

מטר Hi. regnen lassen

מַי** (58, 16) Pl. מַיִם Wasser; cstr. מֵי, מֵימֵי

מִי (31, 2a) wer?

מילואה cstr. מילואת Erfüllung (?)

מִישׁוֹר Ebene, Recht

מַכְאוֹב* Pl. מַכְאֹבִים, מַכְאֹבוֹת Schmerz, Leiden, Kummer

מָכוֹן Stelle, Grund, Grundfeste

מכר (o) verkaufen; Ni. und Hiṭp. = Pass. und Refl.

מֶכֶר Kaufpreis, Wert

מָלֵא (81) voll sein, füllen; Ni. erfüllt, voll werden; Pi. füllen

מָלֵא voll

מְלֹא* cstr. מְלֹא, מְלוֹא; suff. מְלוֹאָהּ Fülle

מַלְאָךְ Bote, Engel
מְלָאכָה Arbeit
מַלְבֵּן (Ketib מלכן) Ziegelei, Ziegelform
מִלָּה Wort, Rede
מְלוּכָה Königtum
מִלְחָמָה Kampf, Schlacht
מלט Ni. sich retten; Pi. retten
מלך (o) herrschen, König sein, König werden; Hi. als König einsetzen
מֶ֫לֶךְ König
מִלְכֹּם Milkom (Göttername)
מלכן s. unter מַלְבֵּן
מֶלְקָ֫חַיִם Zange
מֶמְשָׁלָה cstr. מֶמְשֶׁ֫לֶת Herrschaft
מִן (87, 3a) aus, von, durch, wegen; (98, 3a) als (beim Komparativ)
מנה (82, 2. 3) zählen; Ni. gezählt, zusammengezählt werden
מְנוּחָה Ruhe, Ruheplatz, Heimat
מִנְחָה Geschenk, Opfergabe
מַס Frondienst
מסך (o) mischen
מסס (79, 2) zerfließen
מִסְפֵּד Klage, Wehklage
מִסְפָּר Zahl
מַסְתֵּר Verhüllen; Verhüllung
מַעְגָּל Geleise
מֵעֶה das Leibesinnere, Mutterleib
מָעוֹן Ort

מְעַט Geringes, Weniges, wenig
מְעִיל ärmelloses langes Obergewand
מַעְיָן Quelle
מַעֲכָה Maacha (Landschaftsname; E.)
מַ֫עַל Oberes; מַ֫עַל לְ oberhalb
מַעֲלָה Pl. מַעֲלוֹת Hinaufsteigen, Stufe
מַעֲלָל Pl. מַעֲלָלִים Handlung
מַעֲמָד* suff. (AF.) מעמדי Stand, Rang, Posten, Aufwarten
מַ֫עַן*, לְמַ֫עַן um ... willen, wegen, damit, um zu
מְעוֹנָה Wohnung
מַעֲרָב Sonnenuntergang, Westen
מַעֲשֶׂה Tun, Tat, Handlung, Werk
מצא (81) finden, erreichen, treffen; Ni. = Pass., sich vorfinden; Hi. finden lassen
מִצְוָה Befehl, Anweisung, Gebot
מִצְעָד* Schritt, Gang
מִצְרַ֫יִם Ägypten
מִקְדָּשׁ Heiligtum
מָקוֹם Ort, Stelle, Raum
מָקוֹר Quelle
מִקְנֶה Besitz
מִקְרָא gottesdienstliche Versammlung
מַר bitter
מַרְאֶה Sehen, Aussehen, Anblick, Erscheinung
מַרְבַדִּים Decken, Teppiche
מָרוֹם Höhe
מֶרְחָק Ferne
מְרִיא Mastvieh, Mastkalb

מֶרְכָּבָה Wagen, Streitwagen

מִרְמָה Trug

מַרְפֵּא, מַרְפֵּה (81, 1 c) Heilung; s. auch unter מרפה

מרפה (AF.) Aufhören

מרר (a; 79) bitter sein, werden; Pi. verbittern; Hi. erbittern, betrüben

II מַשָּׂא Ausspruch, Weissagung

משטמה (AF.) Anklägerschaft, satanische Gewalt, Mastema (= Satan)

מִשְׁגֶּה Versehen, Irrtum, unabsichtliches Vergehen

מֹשֶׁה Mose (E.)

משח (75, 2) bestreichen, salben; Ni. = Pass.

*מִשְׁחָת cstr. מִשְׁחַת Zerstörtes, Entstelltes; s. auch u. שׁחת

משך (o) ziehen, herausziehen

מִשְׁכָּב Liegen, Beischlaf, Bett

משל (o) herrschen; Hi. herrschen lassen

מַשְׁמָע Anhören, Vernehmen

מַשְׁעֵנָה Stab

מִשְׁפָּחָה Familie, Sippe

מִשְׁפָּט Gericht, Gerichtsverhandlung, Richterspruch, Urteil, Rechtssache, Recht, Gesetz, Satzung

מִשְׁקָל Gewicht

מִשְׁתֶּה Trinken, Gastmahl

מָתַי wann?; עַד־מָתַי wie lange?

מָתְנַיִם Hüften

מתק (a) süß sein

*מֹתֶק suff. מָתְקִי Süßigkeit

נָא, נָא־, נָּא־ (87, 5) doch!

נְאוֹת s. unter נָוֶה

נאם Part. Pass. cstr. (?) נְאֻם Spruch

נאף (a; 74) Qal und Pi. ehebrechen

נבא (76; 81) Ni. prophetisch ergriffen werden bzw. sein; Hiṯp. weissagen

נִבְזֶה s. unter בזה

נבט (76, 2a) Hi. blicken, aufblicken

נְבָט Nebat (E.)

נָבִיא Prophet

נָבָל Narr, Tor; Pl. F. נְבָלוֹת törichte Frauen

נבע (75, 3; 76, 2a) Hi. sprechen, verkündigen

נגד (76, 2a) Hi. vorbringen, mitteilen, erzählen; Ho. = Pass.

נֶגֶד (87, 3f) vor, in Gegenwart von; adv. gegenüber

*נגיע (AF.) suff. Pl. נגיעיהם Bedrängnis

נגע (75; 76, 2a) berühren, schlagen; Pi. schlagen; Hi. berühren lassen

נגף (o.) stoßen, schlagen; Ni. = Pass.

נגשׂ (o; 76, 2a) drängen; Ni. gedrängt, gepeinigt werden

נגשׁ (a; 76, 2a) hinzutreten, sich nähern; Ni. sich nähern; Hi. nahebringen

נִהְיָה s. unter היה

נהל Pi. führen

נָהָר Strom, Fluß; הַנָּהָר = Euphrat

נָוֶה Pl. cstr. נְוֹת *n^e^u̯ōṯ*, נְאוֹת *n^e^'ōṯ* Weide, Aue, Wohnung

נוח (80) sich niederlassen, ruhen; Hi. הֵנִיחַ sich lagern lassen, הִנִּיחַ hinlegen, zurücklassen, in Ruhe lassen

נום (80, 3) schlummern

נוּן Nun (E.)

נוס (80, 3. 6) fliehen; Hi. in die Flucht treiben, in Sicherheit bringen

נוע (80, 3. 6) wanken, schweben, herumschweifen; Hi. in schwankende Bewegung versetzen, herumschweifen lassen

נוֹרָא s. unter ירא

נזה (82, 5) Hi. sprengen, spritzen

נחה (76, 2b; 82, 2. 5) Qal und Hi. leiten, führen

נָחוֹר Nahor (E.)

נַחַל Tal, Bach

נַחֲלָה Besitz, Eigentum, Erbe

נחם (76, 2a) Ni. Mitleid haben; Reue empfinden, sich trösten; Pi. trösten

נֶחְמָד s. unter חמד

נַחְנוּ (30, 2) wir

נָחָשׁ M. Schlange

נָחָשׁ Nahas (E.)

נָטָה (83, 2a) ausstrecken, ausspannen, neigen, abbiegen; Hi. ausstrecken, neigen, beugen, führen

נטע (75; 76, 2a) pflanzen

נְכֹאת Ladanum-Harz

נכה (83, 2b) Hi. schlagen, stechen, הִכָּה נֶפֶשׁ töten; Ho. geschlagen werden

נָכוֹן s. unter כון

נכל Qal, Pi., Hiṯp. arglistig handeln

נֵכָר Fremde

נסה (82, 4) Pi. prüfen, versuchen

נסע (75, 2; 76, 2a) herausreißen, aufbrechen, weiterziehen

נְעוּרִים (94, 3e) Kindheit, Jugend

נָעִים angenehm, lieblich, hold

נעם (74, 2) angenehm, lieblich sein

נָעֳמִי Naemi (E.)

נַעַר Knabe, Jüngling, Knecht, Gefolgsmann

נַעֲרָה Mädchen, Magd

נפח (75, 2; 76, 2a) blasen, an-, einblasen

נפל (76, 2a. 3a) fallen, einfallen; Hi. fallen lassen

II נפץ sich zerstreuen, sich ausbreiten; sich ergießen (?)

נֶפֶץ Platzregen

נֶפֶשׁ Kehle, Atem, Seele, Leben, Person; נֶפֶשׁ חַיָּה lebendes Wesen

נצב (78, 4b. 7c) Ni. sich hinstellen, gestellt sein; Hi. stellen, s. auch unter יצב

נצח (75, 3a) Pi. leiten, dirigieren

נֵצַח Dauer; adv. לָנֶצַח immer, für immer, je (bei Negationen)

נצל (76, 2a) Ni. sich retten; Hi. entreißen, retten

נקב (o; 76, 3a) bohren, durchstechen, punktieren; Ni. = Pass.

נְקֵבָה Weib, Weibchen

נקבה (35, 1b) Durchbohrung, Durchstechung (?)

נקה (83, 2c) Ni. rein, unschuldig sein; Pi. ungestraft lassen, für unschuldig erklären

נָקִי rein

נקם (o; 76, 2a) rächen, Rache nehmen; Ni. und Hitp. sich rächen, Part. מִתְנַקֵּם sich rächend, rachgierig

נקף (76, 2a) Hi. im Kreise herumgehen

נֵר Leuchte, Lampe

נֵרִיָּה Neria (E.)

נשׂא (83, 1a) heben, erheben, tragen, (eine Frau) nehmen; Ni. sich erheben, erhöht werden

נָשִׂיא Fürst

נשׁא (83, 1b) Hi. täuschen, verführen

נְשָׁמָה Atem; נִשְׁמַת חַיִּים Lebensodem

נשׁק (a; 76, 3a) Qal. und Pi. küssen

נֶשֶׁר Adler

נתן (76) geben, setzen, stellen, legen, tun, machen; Qal. Pass. und Ni. = Pass.

נְתַנְיָהוּ Nethanja (E.)

*סֹבֶא suff. סָבְאֵךְ edler Wein

סְבָא Saba, s. auch u. שְׁבָא

*סְבָאִי Pl. סְבָאִים Sabäer

סבב (79) sich wenden, drehen, herumgehen, sich ringsum aufstellen, umfließen; Ni. sich wenden; Polel umgeben; Hi. wenden, herumziehen lassen, rings umziehen

סִבָּה Wendung, Fügung

סָבִיב Umkreis; (87, 3g) rings; מִסָּבִיב von allen Seiten

סבל (o) tragen

סגר (o) verschließen; Ni. = Pass.

סָדִין leinenes Unterkleid

סְדֹם Sodom (O.)

סוג (80, 3. 4) zurückweichen; Ni. נָסוֹג אָחוֹר weichen, sich zurückziehen

סוֹד Gespräch, Beratung, Geheimnis; Kreis, Gesellschaft

סוֹחֵר, סֹחֵר Händler, Aufkäufer

I סוּף Schilf

סוֹפֵר, סֹפֵר Schreiber, Sekretär, Schriftgelehrter

סור (80) weichen, abweichen, hinzutreten; Hi. entfernen; Ho. = Pass.

סות (80, 6) Hi. verlocken, verführen, reizen

סחר (74, 2) umherziehen

סַחַר Erwerb

סִיג Schlacke

סֶלָה undeutbarer technisch-musikalischer Ausdruck

סלח (75, 2) vergeben

סֶלַע Felsen

סמך (o) stemmen, stützen, unterstützen; Ni. sich stützen; Pi. erquicken

סעד (74, 2) stützen, befestigen; סָעַד לֵב das Herz stärken, erquicken

II סַף Schwelle

ספר (o) zählen, aufzählen; Pi. zählen, auf-, erzählen; Pu. = Pass.

סֵפֶר Brief, Schriftstück, Buch

סֶרֶךְ mittelhebr. Anhang, Nachahmung, Ordnung, Regel

סרר widerspenstig sein

סתר Ni. sich verbergen, verborgen sein; Hi. verbergen

סֵתֶר Versteck

עָב Dichtigkeit, Wolke

עבד (o; 73, 2. 4) arbeiten, bearbeiten, dienen; verehren; Hi. arbeiten lassen

עֶבֶד Sklave, Knecht, Diener; Untertan; Beamter, Offizier

עֲבֹדָה Arbeit, Fron, Dienst

עֲבֻדָּה (43, 7) Dienerschaft, Gesinde

עבה (82, 2) dick, fett sein

* עֲבוּר Ertrag; בַּעֲבוּר um ... willen, wegen

עבר (o; 73, 2. 4) überschreiten, vorübergehen, (mit בְּ) durchziehen; Hi. hinübergehen, vorbeiziehen lassen

עֵבֶר Jenseitiges; מֵעֵבֶר jenseits, von jenseits

עֵגֶל Kalb

עגן (73,3) Ni. sich zurückhalten

I עַד Ewigkeit; לָעַד für immer

II עַד poet. עֲדֵי (87,3d) bis, bis zu, während; (121, 2b) עַד־אֲשֶׁר, עַד־אִם bis daß, solange als

עֵד Zeuge

I עֵדָה Versammlung, Kultgemeinde

II עֵדָה Zeugin, Zeichen

עֲדִי Schmuck

I *עֵדֶן Pl. עֲדָנִים Schmuckstück

II עֵדֶן Eden

עוד (80, 6) Hi. feierlich versichern, verwarnen, Zeugnis ablegen

עוֹד Dauer; (86, 9c) noch

עָוֶל Unrecht

עַוְלָה Verkehrtheit, Ungerechtigkeit

עוֹלֵל Kind

עוֹלָם Dauer, lange Zeit, Vorzeit, Ewigkeit; מֵעוֹלָם von alters her

עָוֹן Vergehen, Sünde, Sündenschuld

עוף (80, 3. 5) fliegen, flattern; Polel fliegen

עוֹף Geflügel, Vögel

עוּץ Uz (Landschaftsname; E.)

עוֹר Fell, Haut

עֹז, עוֹז Kraft, Macht, Verherrlichung

עזב (o; 73, 2. 3) verlassen, überlassen, loslassen; Ni. = Pass.

עִזּוּז stark

עֻזִּיָּהוּ, עֻזִּיָּה Ussia (E.)

עֵזֶר, עֶזֶר Hilfe, Beistand

עֶזְרָה Hilfe

עטה (73; 82) verhüllen, sich einhüllen; Hi. bedecken

עטר (73) umgeben; Pi. bekränzen, krönen

עֲטָרָה Kranz, Krone

עַיִן F., Du. עֵינַיִם Auge; Pl. עֲיָנוֹת Quelle

עִיר F. (58,17) Wohnort, Stadt, Burg

עָרֹם, עֵירֹם nackt

עַכְבּוֹר Achbor (E.)

עכר (o; 73, 2) verwirren, betrüben, ins Unglück bringen

עַל (87, 3d) auf, über, an, bei, gegen; מֵעַל von ... herab; מֵעַל לְ oberhalb von

עֹל Joch

עלה (73; 82) aufsteigen, hinaufsteigen; עלה על übertreffen; Ni. sich erheben; Hi. hinaufsteigen lassen, hinaufbringen

עָלֶה Laub, Blätter

עֹלָה I Brandopfer

עלז (o; 73, 2a) jubeln, frohlocken

עֲלִיָּה Obergemach, Söller

עֶלְיוֹן oberer, höchster

עֶלְיוֹן Eljon, Höchster (Gottesname)

עלם (73) Ni. verborgen sein; Hitp. sich verbergen; Hi. verbergen

עַלְמָה mannbares Mädchen, junge Frau

עַם Volk, Bevölkerung, Stamm

עִם (87, 3c) mit, bei

עמד (o; 73, 2a. 4) hintreten, stehen, bleiben; Hi. aufstellen

עַמּוּד Säule

עַמּוֹן Ammon (E.); בְּנֵי עַמּוֹן Ammoniter

עָמָל mühevolle Arbeit, Mühsal

עמס (o; 73, 2) heben, aufladen; Hi. aufladen

עֵמֶק Talgrund, Talebene

עֲמֹרָה Gomorrha (E.)

I ענה (73; 82) antworten; עָנָה בְּ Zeugnis ablegen für oder gegen

II ענה (73; 82) niedergedrückt sein; Ni. sich demütigen, gebeugt werden; Pi. bedrücken; Pu. = Pass.; Hitp. sich demütigen; Hi. demütigen

עָנִי ohne Grundbesitz, arm, demütig

*עֳפִי, Pl. עֳפָאִים Gezweig, Laub

עפלול Aflul (E.)

עָפָר Staub, Erdreich

עֵץ Baum, Bäume

II עֶצֶב Beschwerde, Schmerz

עִצָּבוֹן Mühsal, Beschwerde

עֵצָה Rat, Plan

עָצוּם stark, mächtig

עַצְלוּת Faulheit

I עֶצֶם Knochen, Gebein, Selbst

עצר (o; 73, 2a. 4) aufhalten, zurückhalten, verhaften; Ni. verschlossen sein, gehemmt werden

עֹצֶר Verschlossenheit, Bedrückung

עֲצָרָה Festversammlung

עָקֵב Ferse; Pl. Fußtritte, Spuren

*עַקְרָב Pl. עַקְרַבִּים Skorpion, Geißel

III ערב (a; 73, 2a) süß, angenehm sein

II עֶרֶב Abend

ערה (73; 82) Hi. entblößen, ausgießen

עָרוֹם nackt

עָרוּם listig, klug

עָרִיץ gewaltig, gewalttätig

ערך (o; 73, 2a) zurichten, ordnen

עָרֵל unbeschnitten

עָרְפָּה Orpa (E.)

עֵשֶׂב Kraut, Kräuter

עשׂה (73; 82) machen, tun, schaffen, arbeiten, üben; Ni. = Pass.

עֵשָׂו Esau (E.)

עֶשֶׂר (59, 1) zehn

עֶשְׂרִים (59, 3) zwanzig

עָשִׁיר reich

עשׁן (a; 73, 2) rauchen

I עָשָׁן Rauch

עשׁק (o; 73, 2) bedrücken

עֵת Zeit

עַתָּה nun, jetzt

עַתּוּד* Pl. עַתּוּדִים Bock

פגע (75) auf jem. treffen, (mit בְּ) in jem. dringen; Hi. treffen lassen

פֶּה (58, 13) Mund; כָּתַב מִפִּי nach dem Diktat (jemandes) schreiben; לְפִי חֶרֶב mit dem Schwert; עַל פִּי gemäß

פֹּשֵׁעַ, פּוֹשֵׁעַ Frevler

I פַּח Klappnetz

פחד (74, 2) sich fürchten
פִּינְחָס Pinehas (E.)
פִּישׁוֹן Pison (Flußname)
פלא (81, 3. 5) Ni. außerordentlich, schwer begreiflich, wunderbar sein; Hi. wunderbar machen
פֶּלֶא Wunderbares, Wunder
פֶּלֶךְ Spindel
פְּלִשְׁתִּי Philister
פֶּן־ (117, 2b) daß nicht, damit nicht
פנה (82) sich wenden; Pi. beseitigen; Hi. trans. wenden, intr. sich wenden
*פָּנֶה Pl. פָּנִים Angesicht, Oberfläche, Vorderseite; פָּנִים וְאָחוֹר vorn und hinten; cstr. לִפְנֵי, מִפְּנֵי vor
פִּנָּה Zinne, Ecke
פְּנִינִים Korallen
פַּס Stück, Fläche; Pl. bunte Stücke
פסד mittelhebr. Hi. schädigen; Ho. = Pass.
פֶּסֶל Gottesbild
פֹּעַל Arbeit, Tun, Erwerb
פַּעַם F. Schritt; (60, 5c) פַּעַם אַחַת einmal, הַפַּעַם diesmal
פקד (o) suchen, heimsuchen, sich jeds. od. einer Sache annehmen; Ni. vermißt, heimgesucht werden; Hi. niederlegen
פְּקֻדָּה Musterung, Amt, Heimsuchung
פקח (75) öffnen; Ni. = Pass.
פָּקִיד Beamter, Kommissar
פַּר Stier
פֶּרֶא Wildesel
פרד Ni. sich trennen, sich teilen; Hi. trennen

פְּרִי Frucht, Früchte
פרץ (o) reißen; sich ausbreiten
II פרר (79, 2) zucken, fliegen
פרשׂ (o) Qal. und Pi. ausbreiten
פָּרָשׁ Reiter
פְּרָת Euphrat
פשׁט (o) sich ausbreiten, überfallen, ausziehen; Hi. jemd. etw. ausziehen lassen
פשׁע (75) abtrünnig werden, abfallen, sich vergehen
פֶּשַׁע Vergehen, Frevel
*פֵּשֶׁת suff. פִּשְׁתִּי, Pl. פִּשְׁתִּים Flachs, Lein
פתה (82, 4 a) Pi. verführen
פתח (75) öffnen; Ni. = Pass.; Pi. lösen
פֶּתַח Öffnung, Eingang; פִּתְחֵי עוֹלָם uralte Tore
פֶּתִי einfältig, unerfahren
פְּתַיּוּת Einfalt

צֹאן Kleinvieh
צָבָא Heer, Heeresabteilung; יְהוָה צְבָאוֹת s. unter יְהוָה
צְבִי Herrlichkeit, Zierde, Stolz
צָדוֹק Sadoq (E.)
צַדִּיק gerecht
צדק (a) gerecht sein, Recht haben, bekommen; Pi. als gerecht erscheinen lassen; Hi. gerecht machen, das Recht zusprechen
צֶדֶק Rechtes, Gerechtigkeit
צְדָקָה Recht, Genugtuung, Heil
II צהל Hi. glänzen, leuchten lassen
צוֹבָא Zoba (Staats- oder Stadtname)
צוה (82, 4) Pi. anordnen, befehlen; Pu. Befehl erhalten

צוֹם Fasten
I צור (80, 3) zusammenschnüren, einengen, belagern
צוּר Felsen
צִיָּה Trockenheit
צֵל Schatten
צלח (75) eindringen, gelingen; Hi. durchführen, gelingen lassen
צַלְמָוֶת Finsternis
צֵלָע Rippe, Seite
צָמָא Durst
צֶמֶד Gespann
צמח (75) Qal. und Pi. sprossen; Hi. sprossen lassen
צֶמֶר Wolle
צֹנֶה Kleinvieh
צעק (74. 2) schreien
צפה (82, 2. 4) spähen, bewachen; Pi. spähen, ausschauen
צָפוֹן Norden; מִצָּפוֹן לְ nördlich von
צִפּוֹר Geflügel, Vögel; Vogel
צִפֹּרָה Zippora (E.)
II צַר Feind
I צָרָה Bedrängnis
צְרוֹר, צְרֹר Beutel, Bündel
צֳרִי Mastix (balsamisches Harz)
צִרְעָה (Koll.) Wespen, Hornissen
צרף (o) reinigen (Metalle), prüfen
I צרר (o und a; 79, 2. 4) zusammenbinden, zusammengedrängt sein; צַר לְ in Not, betrübt sein; Hi. bedrängen, anfeinden, befehden
II צרר (o; 79, 2) anfeinden, befeinden
צֹרֵר Feind, Nebenbuhler

קבל Pi. nehmen, empfangen
קבר (o) begraben; Ni. = Pass.
קֶ֫בֶר Grab
קָדוֹשׁ heilig
קֶ֫דֶם vorn, Osten; früher, vordem, Vorzeit, Urzeit
קִדְמָה* cstr. קִדְמַת gegenüber von, östlich von
קַדְמוֹנִי östlich, vorzeitlich
קָדְקֹד (39, 3 c) Scheitel
קדשׁ heilig sein; Pi. und Hi. heiligen, weihen
קָדֵשׁ Kadesch (O.)
קֹ֫דֶשׁ Heiligkeit, Heiligtum, Heiliges
קהל Ni. sich versammeln; Hi. versammeln
קָהָל Versammlung
קַו, קָו Schnur, Meßschnur
קוֹל Stimme, Laut, Schall; horch!
קום (80) aufstehen, (be)stehen; Hi. aufstellen, errichten
קוֹץ Dorn, Dorngesträuch
קוֹרָה Balken
קָטֹן klein, gering
I קָטָן klein
קֹ֫טֶן kleiner Finger
קְטֹ֫רֶת Opferrauch, Räucherwerk
קלל (a; 79) schnell, gering sein; Ni. sich schnell zeigen; Pi. verfluchen; Hi. leicht machen
קנא (81, 4. 5) Pi. eifersüchtig, neidisch sein, eifern; Hi. jemds. Eifersucht erregen
קַנָּא, קַנּוֹא eifersüchtig
קנה (82, 2) gründen, schaffen, kaufen
קִנְיָן Eigentum, Erwerb

קִנֵּן (79, 4) Pi. nisten
קָפַץ (o) zusammenziehen, verschließen
קֵץ Ende
קָצֶה Ende, Äußerstes
קָצָה Äußerstes, Ende
*קָצוּ Pl. cstr. קַצְוֵי Ende, Äußerstes
קָצִין Richter, Vorsteher, Anführer, Fürst
קָצִיר Ernte
I קרא (81, 2. 3) rufen, einladen (mit לְ d. Pers.), nennen lesen, vorlesen, קָרָא בְאָזְנֵי vorlesen; Ni. = Pass.
II קרא s. unter קרה
קָרֵב (a) nahen, sich nähern; Hi. herannahen lassen
קֶרֶב Leibesinneres, Mitte; בְּקֶרֶב mitten in
קרה (82) begegnen, treffen, eintreffen; לִקְרַאת entgegen; Ni. begegnen, entgegentreten; Pi. mit Balken bauen (denom. von קוֹרָה Balken); Hi. entgegenkommen lassen
קִרְיָה Stadt
קרם (a) überziehen; Ni. = Pass.
קָרַע (75, 2) zerreißen, abreißen, zerschneiden
קֶרֶת Stadt
קְשִׂיטָה Kesita (altes Gewicht als Zahlungsmittel)
קשה (82, 2. 5) hart, schwer sein; Hi. verhärten, schwer machen
קָשֶׁה hart
קֶשֶׁת Bogen

ראה (82) sehen; Ni. sich sehen lassen, erscheinen; Hi. sehen lassen, zeigen
רְאֵם Wildochse

רֹאשׁ Kopf, Haupt, Oberhaupt, Gipfel, Anfang, Summe, Heeresabteilung

רִאשׁוֹן (60, 1) erster; בָּרִאשֹׁנָה früher, vormals

רַב viel, groß

רֹב Menge, Größe

I רבב (79, 1c) viel sein, werden

I רבה (82, 2. 5) viel werden, sein; Hi. vermehren, groß machen; הַרְבֵּה (indeklinabel) Menge, adv. viel

רַבָּה Rabba (O.)

רְבִיעִי (60, 1) vierter

*רִבֵּעַ Pl. רִבֵּעִים Nachkommen im vierten Glied

רבץ (a) liegen, sich lagern; Hi. sich lagern lassen

רגז erregt werden

רגל verleumden; Pi. auskundschaften

רֶגֶל Fuß

רַגְלִי Fußgänger, Fußsoldat

רגם (o) steinigen

רֶגַע Augenblick

רדף (o) verfolgen

רוּחַ F. Wind, Hauch, Geist, Sinn; רוּחַ הַיּוֹם Abend-(Morgen-)wind (?)

רְוָיָה Fülle, Überfluß

רום (80, 3. 5) sich erheben, hoch, erhaben, stolz sein; Polel preisen; Hiṯpolel sich erheben

רוץ (80, 3. 6) laufen; Hi. schnell herbeiholen, eilig bringen

רָז Geheimnis

רזם winken; fragen (?)

רָחָב weit, breit

רְחַבְעָם Rehabeam (E.)

רָחוֹק fern; מֵרָחוֹק aus der Ferne; רָחוֹק מִן wertvoller als

רָחֵל Mutterschaf, Schaf
רחף (74, 3) Pi. schweben
רחץ (74, 2) waschen, sich waschen, baden
רחק (74, 2) fern sein, sich entfernen
ריב (80, 3) einen Rechtsstreit führen
רִיב Rechtsstreit, Streit, Zank
רֶכֶב (Koll.) Wagen, Streitwagen
*רְכוּב suff. רְכוּבוֹ Fahrzeug
רָם hoch
רמס (o) treten, zertreten
רמשׂ (o) schleichen, kriechen
רֶמֶשׂ (Koll.) kriechende Tiere, Gewimmel
רִנָּה Ruf, Jubel
רַע, רָע schlecht, böse, schädlich, Böses, Unglück
II רֵעַ Volksgenosse, Gefährte, Freund, Nächster
רֹעַ Schlechtigkeit, Bosheit
רָעָב Hunger, Hungersnot
I רעד (74, 2) beben
רעה (82, 3) weiden
רָעָה Böses, Bosheit, Unheil
רֹעֶה Hirt
רעם (74, 2) toben, lärmen; Hi. donnern, donnern lassen
רַעַם Toben, Lärmen, Donner
רעע (79, 2. 5) böse, schlecht sein; Hi. schlecht machen, Unheil bewirken, schlecht handeln, jem. übeltun
רַעַשׁ Beben, Tosen
רפא (81) Qal. und Pi. heilen; Ni. = Pass.
II רְפָאִים Pl. Verstorbene, Bewohner des Totenreiches
רפד Pi. erquicken
רָצוֹן Wohlgefallen, Willen

רצח (75) töten; Pi. morden

רֶצֶף Glühstein, Glühkohle

I רִצְפָּה (42, 7) glühender Stein, glühende Kohle

רַק nur

רֵק leer, nichtig; adv. רֵיקָם (41, 6) leer, mit leeren Händen

רקד (o) springen, hüpfen; Hi. springen lassen

רָקִיעַ Himmelsfeste, Firmament

רֶשַׁע Ungerechtigkeit, Gottlosigkeit, Unrecht

רָשָׁע gottlos, frevelhaft, Frevler

רִשְׁעָה Frevel, Ruchlosigkeit

רֶשֶׁת Netz

שׂבע (75) satt werden bzw. sein; Hi. sättigen

שׂבר Pi. hoffen, warten

שָׂדֶה Flur, Feld, Gebiet, Gefilde

שָׂדַי Feld, Gefilde, Steppe

שֶׂה Schaf, Ziege

שׂוּג s. unter סוּג

שׂוּךְ (80, 3f) umzäunen

שׂוּשׂ, שִׂישׂ (80, 1c) sich freuen

שׂחק (74, 2) lachen, verlachen; Pi. spielen, scherzen

שׂטן anfeinden, anklagen

שָׂטָן Widersacher, Gegner, Ankläger, Satan

שׂיח (75, 3b; 80, 3a. 5a) nachsinnen; Polel nachdenken, (etwas) bedenken

I שִׂיחַ Strauch; שִׂיחַ הַשָּׂדֶה das Gesträuch der Steppe

II שִׂיחַ Beschäftigung, Sorge, Betrachtung, Rede

שִׂים (80, 3) setzen, stellen, legen, (zu etwas) machen; שִׂים לֵב aufmerken, achthaben

I שׂכל Hi. einsehen, Einsicht haben, klug machen, Erfolg haben

שׂכר (o) um Lohn dingen

שַׂלְמָה Mantel

שְׂמֹאל, שְׂמֹאול links

שׂמח (75) sich freuen; Pi. erfreuen

שִׂמְחָה Freude

שָׂנֵא (81) hassen

שֵׂעִיר Seïr (Landschaftsname)

שְׂעֹרָה Gerste

שָׂפָה Lippe, Rand, Ufer

שַׂק Sack, Trauergewand

שַׂר Oberster, Befehlshaber, Herrscher

שִׂרְיוֹן Sirjon (= Hermon)

שׂרף (o) brennen, verbrennen; Ni. = Pass.

I שָׂרָף Schlange, Seraph

שׁאג (74, 2) brüllen

I שׁאה (82) wüst liegen; Ni. verwüstet werden; Hi. verwüsten

שְׁאֹל, שְׁאוֹל Unterwelt, Totenreich

שָׁאוּל Saul (E.)

שָׁאוֹן Getöse

שׁאל (74, 2) fragen, verlangen, fordern, erbitten

שׁאף (74, 2) schnappen (neben II שׁוף; Koehler, 937)

I שׁאר (74, 1) Ni. übrig bleiben; Hi. übrig lassen

שְׁבָא Sabäer; s. auch unter סְבָא

שֵׁבֶט Stab, Hirtenstab, Zepter, Stamm

שבע (75) Ni. schwören; Hi. schwören lassen, beschwören

שְׁבִיעִי (60,1) siebenter

שֶׁבַע (59, 1) sieben

שבר (o) zerbrechen; Ni. = Pass.; Pi. zerschmettern

שבת (o und a) aufhören, ruhen; Hi. aufhören lassen, ein Ende machen, wegschaffen

שַׁבָּת Sabbat

שגה (82,2) irren, unwissentlich sündigen

שַׁדַּי Schaddaj (Gottesname)

שֹׁהַם Karneol

שָׁוְא Gehaltloses, Nichtiges, Vergebliches, Lüge, Falschheit; לַשָּׁוְא vergeblich, frevelhaft

שוב (80) sich wenden, zurückkehren, etw. wieder tun; Hi. zurückbringen, -führen, הֵשִׁיב דָּבָר antworten; Ho. = Pass.; Polel umwenden, wiederholen

שׁוֹבַךְ Sobach (E.)

I שוט (80, 3) umherstreifen

שׁוֹט Geißel

שׁוֹטֵר, שֹׁטֵר Beamter

* שׁוּל suff. Pl. שׁוּלָיו Schleppe, Saum

שׁוֹמֵר, שֹׁמֵר Wächter

I שוע (80, 1b) Pi. um Hilfe rufen

שוף (80, 3a) I zermalmen; II schnappen, zielen (?)

שׁוֹשַׁנָּה Lilie, Lotosblume

שֹׁחַד Geschenk, Bestechungsgeld

* שחה s. unter II חוה

שְׁחִין Geschwür

שחת (74, 1b) Pi. verderben, schlecht handeln; Hi. verderben, vernichten, (etwas) schlimm treiben; Ho. entstellt sein oder werden, mißraten

שַׁחַת Grube, Grab, Unterwelt

שטף (o) sich ergießen, überfluten

שִׁילוֹנִי Silonit, Mann aus Silo

שיר (80, 3) singen

שִׁיר Singen, Gesang, Lied

שית (80, 1c. 3) stellen, setzen, legen, bereiten, schaffen, geben, machen (zu etw.)

שכם Hi. sich früh aufmachen

שְׁכֶם Sichem (O.)

שכן (o) sich niederlassen, wohnen; Pi. und Hi. wohnen lassen

שֶׁלֶג Schnee

*שְׁלוּ suff. שַׁלְוִי Ruhe, Sorglosigkeit

שָׁלֹם, שָׁלוֹם Heil, Wohlbefinden, Frieden

שַׁלּוּם Sallum (E.)

שָׁלֹשׁ, שָׁלוֹשׁ (59, 1) drei

שלח (75, 2. 3) schicken, senden, ausstrecken, שָׁלַח יַד בְּ Hand an etw. legen; Pi. schicken, ausstrecken, loslassen, vertreiben

שֻׁלְחָן Tisch

שְׁלִישִׁי (60, 1) dritter

שלך Hi. werfen; Ho. = Pass.

שָׁלָל Beute, Gewinn

שלם (a) wohlbehalten, vollständig sein, Frieden halten; Pi. vollenden, wiedererstatten, vergelten; Hi. vollenden, Frieden schließen

שְׁלֹמֹה Salomo (E.)

שַׁלְמֹנִים Geschenke, Bestechungen

שִׁלֵּשִׁים Nachkommen im dritten Glied

שָׁם da, dort; שָׁמָּה dorthin

שֵׁם Name, Ruf, Ruhm

שׁמד Ni. vertilgt werden; Hi. zerstören, vernichten, ausrotten

שְׁמוּעָה Kunde, Botschaft

שָׁמַ֫יִם (58, 18) Himmel

שׁמם (o und a; 79) schauern, sich entsetzen; Part. שֹׁמֵם verwüstet, verlassen; Ni. verwüsten; Hi. in Staunen versetzen, verwüsten; Polel Part. verwüstend

שְׁמָמָה Entsetzen, Verwüstung, Wüste

I שׁמן (a) fett sein; Hi. fett, gefühllos machen

שֶׁ֫מֶן Fett, Öl

שׁמע (75) hören; Ni. = Pass.; Hi. hören lassen

שִׁמְעוֹן Simeon, Simon (E.)

שׁמר (o) hüten, bewachen, schützen, bewahren, beobachten; Ni. sich hüten

שֶׁ֫מֶשׁ Sonne

שָׁנָה (58, 20) Jahr

שָׁנִי Karmesinrot

שֵׁנִי (60, 1) zweiter

שְׁנַ֫יִם, שְׁתַּ֫יִם (59, 1) zwei

שְׁנֵים עָשָׂר (59, 2) zwölf

I שׁעע (79, 5) Hi. bestreichen, verkleben

שַׁ֫עַר Tor

שׁפט (o) richten, zum Recht verhelfen; Ni. rechten, einen Rechtsstreit führen

שׁפך (o) gießen, ausgießen; hierzu Qal. Pass. und Ni. = Pass.

I שָׁפָן Klippdachs

שׁקה (82, 5) Hi. trinken lassen, tränken, bewässern

שֶׁ֫קֶר Lüge, Trug

שָׁרוֹן (mit Artikel) pal. Küstenebene zwischen Jaffa und Cäsarea

שֹׁ֫רֶשׁ Wurzel, Wurzelsproß

שׁרת (74, 3) Pi. dienen; Part. מְשָׁרֵת Diener

I שֵׁשׁ (59, 1) sechs

II שֵׁשׁ Byssus, feines Linnen

שֵׁת Gesäß, Fundament

שׁתה (82, 2) trinken

תַּאֲוָה Begehren, Verlangen, Lust, Begehrenswertes

תְּאֵנָה Feigenbaum, Feige

תֹּ֫אַר Form, Gestalt

תֵּבֵל Festland, Erde, bewohnte Erde

תֹּ֫הוּ Wüstes; s. unter בֹּ֫הוּ

תְּהוֹם Urwasser, Ozean

תְּהִלָּה Ruhm, Lobpreis, Lobgesang

תָּ֫וֶךְ cstr. תּוֹךְ Mitte; בְּתוֹךְ mitten in

תּוֹלְדוֹת* Geschlechter, Geschlechtsfolge, Geschichte

תּוֹעֵבָה Greuel, Abscheu

תּוֹרָה Unterweisung, Lehre, Gesetz, Tora

תְּחִלָּה Anfang

תְּחִנָּה Gnade, Erbarmen, Bitte, Flehen

תַּ֫חַת (87, 3g) Unteres, unten, unter; מִתַּ֫חַת unten, מִתַּ֫חַת לְ unter, anstatt; (120, 2a) תַּ֫חַת אֲשֶׁר, תַּ֫חַת כִּי weil

תֵּימָן Süden

תִּירוֹשׁ Most

תכון* Richtmaß, Bestimmung, Anordnung (?)

תָּם ganz, vollendet, gesittet

*תֻּמָּה cstr. תֻּמַּת Unsträflichkeit, Unschuld

תְּמוּנָה Gestalt, Erscheinung, Abbild

תָּמִים vollständig, fehlerfrei, vollkommen; בְּתָמִים in Aufrichtigkeit

תמך (o) ergreifen, halten, zurückhalten

תמם (o und a; 79, 2. 5) vollendet bzw. fertig sein, ein Ende nehmen, aufhören, umkommen; Hi. vollenden, vollzählig machen

תִּמְנַת סֶ֫רַח Timnath-Serah (O.)

תְּנוּבָה Frucht, Ertrag

תעה (82, 2. 5) umherirren, taumeln, irregehen; Hi. irreführen, herumirren lassen; intrans. irregehen

תַּ֫עַר Schermesser; תַּ֫עַר סֹפֵר Schreibermesser

תִּפְאָרָה, תִּפְאֶ֫רֶת Schmuck, Ruhm, Ehre

תְּפִלָּה Gebet

תַּפּ֫וּחַ Apfel, Apfelbaum

תפר (o) zusammennähen

תפשׂ (o) erfassen

תִּקְוָה Hoffnung

*תְּקוּפָה cstr. תְּקוּפַת, suff. תְּקוּפָתוֹ Kreislauf, (Sonnen-) Umlauf, Wende

תַּרְדֵּמָה Tiefschlaf

תְּרוּמָה Abgabe, Hebe

תֶּ֫רַח Terach (E.)

תְּשׁוּבָה Rückkehr; תְּשׁוּבַת הַשָּׁנָה übers Jahr

תְּשׁוּקָה Verlangen

תְּשִׁיעִי (59, 1) neunter

Sachregister

zu

G. Beer - R. Meyer, Hebräische Grammatik

Stellenregister

zu

G. Beer - R. Meyer, Hebräische Grammatik

Genesis

Exodus

Leviticus

Numeri

Deuteronomium

Josua

Judicum

I. Samuelis

II. Samuelis

Jeremia

Ezechiel

Hosea

Joel

Amos

Obadja

Jona

Micha

Nahum

Habakuk

Zephanja

Haggai

Sacharja

Maleachi

Psalmen

Hiob

Proverbia

Ruth

Inhaltsübersicht

Geisteswissenschaften

Philosophie

Einführung in die Philosophie von *H. Leisegang* †. 3. Auflage. 145 Seiten. 1957. (*281*)

Hauptprobleme der Philosophie von *G. Simmel* †. 7., unveränderte Auflage. 177 Seiten. 1950. (*500*)

Geschichte der Philosophie

I: Die griechische Philosophie von *W. Capelle*. 1. Teil. Von Thales bis Leukippos. 2., erweiterte Auflage. 135 Seiten. 1953. (*857*)

II: Die griechische Philosophie von *W. Capelle*. 2. Teil. Von der Sophistik bis zum Tode Platons. 2., stark erweiterte Auflage. 144 Seiten. 1953. (*858*)

III: Die griechische Philosophie von *W. Capelle*. 3. Teil. Vom Tode Platons bis zur Alten Stoa. 2., stark erweiterte Auflage. 132 Seiten. 1954. (*859*)

IV: Die griechische Philosophie von *W. Capelle*. 4. Teil. Von der Alten Stoa bis zum Eklektizismus im 1. Jahrh. v. Chr. 2., stark erweiterte Auflage. 132 Seiten. 1954. (*863*)

V: Die Philosophie des Mittelalters von *J. Koch*. In Vorbereitung. (*826*)

VI: Von der Renaissance bis Kant von *K. Schilling*. 234 Seiten. 1954. (*394/394a*)

VII: Immanuel Kant von *G. Lehmann*. In Vorbereitung. (*536*)

VIII: Die Philosophie des 19. Jahrhunderts von *G. Lehmann*. 1. Teil. 151 Seiten. 1953. (*571*)

IX: Die Philosophie des 19. Jahrhunderts von *G. Lehmann*. 2. Teil. 168 Seiten. 1953. (*709*)

X: Die Philosophie im ersten Drittel des 20. Jahrhunderts I von *G. Lehmann*. 128 Seiten. 1957. (*845*)

Die geistige Situation der Zeit (1931) von *K. Jaspers*. 4., unveränderter Abdruck der 1932 bearbeiteten 5. Auflage. 211 Seiten. 1955. (*1000*)

Erkenntnistheorie von *G. Kropp*

I. Teil: Allgemeine Grundlegung. 143 Seiten. 1950. (*807*)

Formale Logik von *P. Lorenzen*. 165 Seiten. 1958. (*1176/1176a*)

Philosophisches Wörterbuch von *M. Apel* †. 5., völlig neubearbeitete Auflage von *P. Ludz*. 315 Seiten. 1958. (*1031/1031a*)

Philosophische Anthropologie. Menschliche Selbstdeutung in Geschichte und Gegenwart von *M. Landmann*. 266 Seiten. 1955. (*156/156a*)

Pädagogik, Psychologie, Soziologie

Geschichte der Pädagogik von *Herm. Weimer*. 13., durchgesehene und vermehrte Auflage von *Heinz Weimer*. 178 Seiten. 1958. (*145*)

Therapeutische Psychologie. Ihr Weg durch die Psychoanalyse von *W. M. Kranefeldt*. Mit einer Einführung von *C. G. Jung*. 3. Auflage. 152 Seiten. 1956. (*1034*)

Allgemeine Psychologie von *Th. Erismann*. 3 Bände.
I: Grundprobleme. 2., neubearbeitete Auflage. 146 Seiten. 1958. (*831*)
II: Grundarten des psychischen Geschehens. 248 Seiten. 1959. (*832/832a*)
III: Psychologie der Persönlichkeit. In Vorbereitung. (*833*)

Soziologie. Geschichte und Hauptprobleme von *L. von Wiese*. 5. Auflage. 162 Seiten. 1954. (*101*)

Sozialpsychologie von *P. R. Hofstätter*. 181 Seiten, 15 Abbildungen, 22 Tabellen. 1956. (*104/104a*)

Empirische Sozialforschung von *G. K. Specht*. 1959. In Vorbereitung. (*1175*)

Psychologie des Berufs- und Wirtschaftslebens von *W. Moede* †. 190 Seiten, 48 Abbildungen. 1958. (*851/851a*)

Industrie- und Betriebssoziologie von *R. Dahrendorf*. 120 Seiten. 1956. (*103*)

Religionswissenschaften

Jesus von *M. Dibelius* †. 2. Auflage. Unveränderter Nachdruck. 141 Seiten. 1949. (*1130*)

Paulus von *M. Dibelius* †. Nach dem Tode des Verfassers herausgegeben und zu Ende geführt von *W. G. Kümmel*. 2., durchgesehene Auflage. 155 Seiten. 1956. (*1160*)

Luther von *F. Lau*. 151 Seiten. 1959. (*1187*)

Römische Religionsgeschichte von *F. Altheim*. 2 Bände. 2., umgearbeitete Auflage.
I: Grundlagen und Grundbegriffe. 116 Seiten. 1956. (*1035*)
II: Der geschichtliche Ablauf. 164 Seiten. 1956. (*1052*)

Geschichte Israels. Von den Anfängen bis zur Zerstörung des Tempels (70 n. Chr.) von *E. L. Ehrlich*. 158 Seiten, 1 Tafel. 1958. (*231/231a*)

Musik

Musikästhetik von *H. J. Moser*. 180 Seiten. Mit zahlreichen Notenbeispielen. 1953. (*344*)

Systematische Modulation von *R. Hernried*. 2. Auflage. 136 Seiten. Mit zahlreichen Notenbeispielen. 1950. (*1094*)

Der polyphone Satz von *E. Pepping*. 2 Bände.
I: Der cantus-firmus-Satz. 2. Auflage. 223 Seiten. Mit zahlreichen Notenbeispielen. 1950. (*1148*)
II: Übungen im doppelten Kontrapunkt und im Kanon. 137 Seiten. Mit zahlreichen Notenbeispielen. 1957. (*1164/1164a*)

Allgemeine Musiklehre von *H. J. Moser*. 2., durchgesehene Auflage. 155 Seiten. Mit zahlreichen Notenbeispielen. 1955. (*220/220a*)

Harmonielehre von *H. J. Moser*. 2 Bände.
I: 109 Seiten. Mit 120 Notenbeispielen. 1954. (*809*)

Die Musik des 19. Jahrhunderts von *W. Oehlmann*. 180 Seiten. 1953. (*170*)

Die Musik des 20. Jahrhunderts von *W. Oehlmann*. 1959. In Vorbereitung. (*171/171a*)

Technik der deutschen Gesangskunst von *H. J. Moser*. 3., durchgesehene und verbesserte Auflage. 144 Seiten, 5 Figuren sowie Tabellen und Notenbeispiele. 1954. (*576/576a*)

Die Kunst des Dirigierens von *H. W. von Waltershausen* †. 2., vermehrte Auflage. 138 Seiten. Mit 19 Notenbeispielen. 1954. (*1147*)

Die Technik des Klavierspiels aus dem Geiste des musikalischen Kunstwerkes von *K. Schubert* †. 3. Auflage. 110 Seiten. Mit Notenbeispielen. 1954. (*1045*)

Kunst

Stilkunde von *H. Weigert*. 2 Bände. 3., durchgesehene und ergänzte Auflage.
I: Vorzeit, Antike, Mittelalter. 136 Seiten, 94 Abbildungen. 1958. (*80*)
II: Spätmittelalter und Neuzeit. 150 Seiten, 88 Abbildungen. 1958. (*781*)

Archäologie von *A. Rumpf*. 2 Bände.
I: Einleitung, historischer Überblick. 143 Seiten, 6 Abbildungen, 12 Tafeln. 1953. (*538*)
II: Die Archäologensprache. Die antiken Reproduktionen. 136 Seiten, 7 Abbildungen, 12 Tafeln. 1956. (*539*)

Geschichte

Einführung in die Geschichtswissenschaft von *P. Kirn*. 3., durchgesehene Auflage. 128 Seiten. 1959. (*270*)

Zeitrechnung der römischen Kaiserzeit, des Mittelalters und der Neuzeit für die Jahre 1—2000 n. Chr. von *H. Lietzmann* †. 3. Auflage, durchgesehen von *K. Aland*. 130 Seiten. 1956. (*1085*)

Kultur der Urzeit von *F. Behn*. 3 Bände. 4. Auflage der Kultur der Urzeit Bd. 1—3 von *M. Hoernes*.
I: Die vormetallischen Kulturen. (Die Steinzeiten Europas. Gleichartige Kulturen in anderen Erdteilen.) 172 Seiten, 48 Abbildungen. 1950. (*564*)
II: Die älteren Metallkulturen. (Der Beginn der Metallbenutzung. Kupfer- und Bronzezeit in Europa, im Orient und in Amerika.) 160 Seiten, 67 Abbildungen. 1950. (*565*)
III: Die jüngeren Metallkulturen. (Das Eisen als Kulturmetall, Hallstatt-Latène-Kultur in Europa. Das erste Auftreten des Eisens in den anderen Weltteilen.) 149 Seiten, 60 Abbildungen. 1950. (*566*)

Vorgeschichte Europas von *F. Behn*. Völlig neue Bearbeitung der 7. Auflage der „Urgeschichte der Menschheit" von *M. Hoernes*. 125 Seiten, 47 Abbildungen. 1949. (*42*)

Der Eintritt der Germanen in die Geschichte von *J. Haller* †. 3. Auflage, durchgesehen von *H. Dannenbauer*. 120 Seiten, 6 Kartenskizzen. 1957. (*1117*)

Von den Karolingern zu den Staufern. Die altdeutsche Kaiserzeit (900—1250) von *J. Haller* †. 4., durchgesehene Auflage von *H. Dannenbauer*. 142 Seiten, 4 Karten. 1958. (*1065*)

Deutsche Geschichte im Zeitalter der Reformation, der Gegenreformation und des dreißigjährigen Krieges von *F. Hartung*. 129 Seiten. 1951. (*1105*)

Deutsche Geschichte von 1648—1740. Politischer und geistiger Wiederaufbau von *W. Treue*. 120 Seiten. 1956. (*35*)

Deutsche Geschichte von 1713—1806 von *W. Treue*. 168 Seiten. 1957. (*39*)

Deutsche Geschichte von 1807—1871 von *W. Treue*. In Vorbereitung. (*893*)

Deutsche Geschichte von 1871 bis zur Gegenwart von *W. Treue*. In Vorbereitung (*894*)

Quellenkunde der Deutschen Geschichte im Mittelalter (bis zur Mitte des 15. Jahrhunderts) von *K. Jacob* †. 3 Bände.
I: Einleitung. Allgemeiner Teil. Die Zeit der Karolinger. 6., neubearbeitete Auflage von *H. Hohenleutner*. In Vorbereitung. (*279*)
II: Die Kaiserzeit (911—1250). 5., neubearbeitete Auflage von *H. Hohenleutner*. 1959. In Vorbereitung. (*280*)
III: Das Spätmittelalter (vom Interregnum bis 1500). Herausgegeben von *F. Weden*. 152 Seiten. 1952. (*284*)

Geschichte Englands von *H. Preller*. 2 Bände.
I: bis 1815. 3., stark umgearbeitete Auflage. 135 Seiten, 7 Stammtafeln, 2 Karten. 1952. (*375*)
II: Von 1815 bis 1910. 2., völlig umgearbeitete Auflage. 118 Seiten, 1 Stammtafel, 7 Karten. 1954. (*1088*)

Römische Geschichte von *F. Altheim*. 4 Bände. 2., verbesserte Auflage.
I: Bis zur Schlacht bei Pydna (168 v. Chr.). 124 Seiten. 1956. (*19*)
II: Bis zur Schlacht bei Actium (31 v. Chr.). 129 Seiten. 1956. (*677*)
III: Bis zur Schlacht an der Milvischen Brücke (312 n. Chr.). 148 Seiten. 1958. (*679*)
IV: Bis zur Schlacht am Yarmuk (636 n. Chr.). In Vorbereitung. (*684*)

Geschichte der Vereinigten Staaten von Amerika von *O. Graf zu Stolberg-Wernigerode*. 192 Seiten, 10 Karten. 1956. (*1051/1051a*)

Deutsche Sprache und Literatur

Geschichte der Deutschen Sprache von *H. Sperber*. 3. Auflage, besorgt von *W. Fleischhauer*. 128 Seiten. 1958. (*915*)

Deutsches Rechtschreibungswörterbuch von *M. Gottschald* †. 2., verbesserte Auflage. 219 Seiten. 1953. (*200/200a*)

Deutsche Wortkunde. Eine kulturgeschichtliche Betrachtung des deutschen Wortschatzes von *A. Schirmer*. 3., durchgesehene Auflage. 109 Seiten. 1949. (*929*)

Deutsche Sprachlehre von *W. Hofstaetter*. 9., neubearbeitete Auflage von *G. Spree*. 144 Seiten. 1953. (*20*)

Stimmkunde für Beruf, Kunst und Heilzwecke von *H. Bieble*. 111 Seiten. 1955. (*60*)

Redetechnik. Einführung in die Rhetorik von *H. Bieble*. 115 Seiten. 1954. (*61*)

Sprechen und Sprachpflege (Die Kunst des Sprechens) von *H. Feist*. 2., verbesserte Auflage. 99 Seiten, 25 Abbildungen. 1952. (*1122*)

Deutsches Dichten und Denken von der germanischen bis zur staufischen Zeit von *H. Naumann* †. (Deutsche Literatur vom 5.—13. Jahrhundert.) 2., verbesserte Auflage. 166 Seiten. 1952. (*1121*)

Deutsches Dichten und Denken vom Mittelalter zur Neuzeit von *G. Müller* (1270 bis 1700). 2., durchgesehene Auflage. 159 Seiten. 1949. (*1086*)

Deutsches Dichten und Denken von der Aufklärung bis zum Realismus (Deutsche Literaturgeschichte von 1700—1890) von *K. Viëtor* †. 3., durchgesehene Auflage. 159 Seiten. 1958. (*1096*)

Der Nibelunge Nôt in Auswahl mit kurzem Wörterbuch von *K. Langosch*. 10., durchgesehene Auflage. 164 Seiten. 1956. (*1*)

Kudrun- und Dietrich-Epen in Auswahl mit Wörterbuch von *O. L. Jiriczek*. 6. Auflage, bearbeitet von *R. Wisniewski*. 173 Seiten. 1957. (*10*)

Wolfram von Eschenbach. Parzival. Eine Auswahl mit Anmerkungen und Wörterbuch von *H. Jantzen*. 2. Auflage, bearbeitet von *H. Kolb*. 128 Seiten. 1957. (*921*)

Hartmann von Aue. Der arme Heinrich nebst einer Auswahl aus der „Klage", dem „Gregorius" und den Liedern (mit einem Wörterverzeichnis) herausgegeben von *F. Maurer*. 96 Seiten. 1958. (*18*)

Gottfried von Strassburg von *F. Maurer*. 142 Seiten. 1959. (*22*)

Die deutschen Personennamen von *M. Gottschald* †. 2., verbesserte Auflage. 151 Seiten. 1955. (*422*)

Althochdeutsches Elementarbuch. Grammatik und Texte von *H. Naumann* † und *W. Betz*. 2., verbesserte und vermehrte Auflage. 156 Seiten. 1954. (*1111*)

Mittelhochdeutsche Grammatik von *H. de Boor* und *R. Wisniewski*. 141 Seiten. 1956. (*1108*)

Indogermanisch, Germanisch

Indogermanische Sprachwissenschaft von *H. Krahe*. 2 Bände. 3., neubearbeitete Aufl.
I: Einleitung und Lautlehre. 106 Seiten. 1958. (*59*)
II: Formenlehre. 100 Seiten. 1959. (*64*)

Gotisches Elementarbuch. Grammatik, Texte mit Übersetzung und Erläuterungen mit einer Einleitung von *H. Hempel*. 2., umgearbeitete Aufl. 165 Seiten. 1953. (*79*)

Germanische Sprachwissenschaft von *H. Krahe*. 2 Bände. 3., neubearbeitete Auflage.
I: Einleitung und Lautlehre. 147 Seiten. 1956. (*238*)
II: Formenlehre. 149 Seiten. 1957. (*780*)

Altnordisches Elementarbuch. Schrift, Sprache, Texte mit Übersetzung und Wörterbuch von *F. Ranke*. 2., durchgesehene Auflage. 146 Seiten. 1949. (*1115*)

Englisch, Romanisch

Altenglisches Elementarbuch von *M. Lehnert*. Einführung, Grammatik, Texte mit Übersetzung und Wörterbuch. 4., verbesserte Auflage. 178 Seiten. 1959. (*1125*)

Historische neuenglische Laut- und Formenlehre von *E. Ekwall*. 3., durchgesehene Auflage. 150 Seiten. 1956. (*735*)

Englische Phonetik von *H. Mutschmann* †. 117 Seiten. 1956. (*601*)

Englische Literaturgeschichte von *F. Schubel*. 4 Bände.
I: Die alt- und mittelenglische Periode. 163 Seiten. 1954. (*1114*)
II: Von der Renaissance bis zur Aufklärung. 160 Seiten. 1956. (*1116*)
III: Romantik und Viktorianismus. 1959. In Vorbereitung. (*1124*)

Beowulf von *M. Lehnert*. Eine Auswahl mit Einführung, teilweiser Übersetzung, Anmerkungen und etymologischem Wörterbuch. 3., verbesserte Auflage. 135 Seiten. 1959. (*1135*)

Shakespeare von *P. Meißner* †. 2. Auflage, neubearbeitet von *M. Lehnert*. 136 Seiten. 1954. (*1142*)

Italienische Literaturgeschichte von *K. Voßler* †. Unveränderter Nachdruck der 1927 erschienenen 4., durchgesehenen und verbesserten Auflage. 148 Seiten. 1948. (*125*)

Romanische Sprachwissenschaft von *H. Lausberg*. 2 Bände.
I: Einleitung und Vokalismus. 160 Seiten. 1956. (*128/128a*)
II: Konsonantismus. 95 Seiten. 1956. (*250*)

Griechisch, Lateinisch

Griechische Sprachwissenschaft von *W. Brandenstein*. 2 Bände.
I: Einleitung, Lautsystem, Etymologie. 160 Seiten. 1954. (*117*)
II: Wortbildung und Formenlehre. 192 Seiten. 1959. (*118/118a*)

Geschichte der griechischen Sprache. 2 Bände.
I: Bis zum Ausgang der klassischen Zeit von *O. Hoffmann* †. 3. Auflage bearbeitet von *A. Debrunner* †. 156 Seiten. 1953. (*111*)
II: Grundfragen und Grundzüge des nachklassischen Griechisch von *A. Debrunner* †. 144 Seiten. 1954. (*114*)

Geschichte der lateinischen Sprache von *F. Stolz* †. 3., stark umgearbeitete Auflage von *A. Debrunner* †. 136 Seiten. 1953. (*492*)

Hebräisch, Sanskrit, Russisch

Hebräische Grammatik von *G. Beer* †. 2 Bände. 2., völlig neubearbeitete Auflage von *R. Meyer*.
I: Schrift-, Laut- und Formenlehre I. 157 Seiten. 1952. (*763/763a*)
II: Formenlehre II. Syntax und Flexionstabellen. 195 Seiten. 1955. (*764/764a*)

Hebräisches Textbuch von *R. Meyer*. In Vorbereitung. (*769/769a*)

Sanskrit-Grammatik von *M. Mayrhofer*. 89 Seiten. 1953. (*1158*)

Russische Grammatik von *E. Berneker* †. 6., unveränderte Auflage von *M. Vasmer*. 155 Seiten. 1947. (*66*)

Erd- und Länderkunde

Afrika von *F. Jaeger*. Ein geographischer Überblick. 2 Bände. 2., umgearbeitete Auflage.
I: Der Lebensraum. 179 Seiten, 18 Abbildungen. 1954. (*910*)
II: Mensch und Kultur. 155 Seiten, 6 Abbildungen. 1954. (*911*)

Australien und Ozeanien von *H. J. Krug*. 176 Seiten, 46 Skizzen. 1953. (*319*)

Volkswirtschaft, Statistik, Publizistik

Allgemeine Betriebswirtschaftslehre von *K. Mellerowicz*. 4 Bände. 10., erweiterte und veränderte Auflage.
I: 224 Seiten. 1958. (*1008/1008a*)
II: 188 Seiten. 1959. (*1153/1153a*)
III: 260 Seiten. 1959. (*1154/1154a*)
IV: 209 Seiten. 1959. (*1186/1186a*)
Diese 4 Bände sind auch in Ganzleinen gebunden zum Preise von je DM 6,30 lieferbar.

Allgemeine Volkswirtschaftslehre von *A. Paulsen*. 4 Bände.
I: Grundlegung, Wirtschaftskreislauf. 3., durchgesehene und ergänzte Auflage. 148 Seiten. 1959. (*1169*)
II: Haushalte, Unternehmungen, Marktformen. 2., durchgesehene und ergänzte Auflage. 164 Seiten, 32 Abbildungen. 1958. (*1170*)
III: Produktionsfaktoren, Geldwesen. 184 Seiten. 1959. (*1171*)
IV: Gesamtbeschäftigung, Konjunktur, Wachstum. In Vorbereitung. (*1172*)

Finanzwissenschaft von *H. Kolms*. 4 Bände.
I: Grundlegung. Öffentliche Ausgaben. 160 Seiten. 1959. (*148*)
II: Erwerbseinkünfte, Gebühren und Beiträge; Allgemeine Steuerlehre. 1959. In Vorbereitung. (*391*)
III: Besondere Steuerlehre. In Vorbereitung. (*776*)
IV: Öffentlicher Kredit. Haushaltswesen. Finanzausgleich. In Vorbereitung. (*782*)

Finanzmathematik von *M. Nicolas*. 192 Seiten, 11 Tafeln, 8 Tabellen und 72 Beispiele. 1959. (*1183/1183a*)

Industrie- und Betriebssoziologie von *R. Dahrendorf*. 120 Seiten. 1956. (*103*)

Psychologie des Berufs- und Wirtschaftslebens von *W. Moede* †. 190 Seiten. 48 Abbildungen. 1958. (*851/851a*)

Allgemeine Methodenlehre der Statistik von *J. Pfanzagl*. 2 Bände.
I: 1959. In Vorbereitung. (*746/746a*)

Zeitungslehre von *E. Dovifat*. 2 Bände. 3., neubearbeitete Auflage.
I: Theoretische und rechtliche Grundlagen — Nachricht und Meinung — Sprache und Form. 148 Seiten. 1955. (*1039*)
II: Redaktion — Die Sparten: Verlag und Vertrieb, Wirtschaft und Technik, Sicherung der öffentlichen Aufgabe. 158 Seiten. 1955. (*1040*)

Naturwissenschaften

Mathematik

Geschichte der Mathematik von J. E. Hofmann. 3 Bände.
I: Von den Anfängen bis zum Auftreten von Fermat und Descartes. 200 Seiten. 1953. (*226*)
II: Von Fermat und Descartes bis zur Erfindung des Calculus und bis zum Ausbau der neuen Methoden. 109 Seiten. 1957. (*875*)
III: Von den Auseinandersetzungen um den Calculus bis zur französischen Revolution. 107 Seiten. 1957. (*882*)

NATURWISSENSCHAFTEN

Mathematische Formelsammlung von *F. Ringleb.* Vollständig umgearbeitete Neuausgabe des Werkes von *O. Th. Bürklen* †. 6., erweiterte Auflage. 278 Seiten, 37 Fig. 1956. *(51/51a)*

Fünfstellige Logarithmen von *A. Adler.* Mit mehreren graphischen Rechentafeln und häufig vorkommenden Zahlenwerten. 3. Auflage. 127 Seiten, 1 Tafel. 1959. *(423)*

Arithmetik von *P. B. Fischer* †. 3. Auflage von *H. Rohrbach.* 152 Seiten, 19 Abbildungen. 1958. *(47)*

Höhere Algebra von *H. Hasse.* 2 Bände. 4., durchgesehene Auflage.
I: Lineare Gleichungen. 152 Seiten. 1957. *(931)*
II: Gleichungen höheren Grades. 158 Seiten, 5 Figuren. 1958. *(932)*

Aufgabensammlung zur höheren Algebra von *H. Hasse* und *W. Klobe.* 2., verbesserte und vermehrte Auflage. 181 Seiten. 1952. *(1082)*

Elementare und klassische Algebra vom modernen Standpunkt von *W. Krull.* 2 Bände.
I: 2., erweiterte Auflage. 136 Seiten. 1952. *(930)*
II: 132 Seiten. 1959. *(933)*

Einführung in die Zahlentheorie von *A. Scholz* †. Überarbeitet und herausgegeben von *B. Schoeneberg.* 2. Auflage. 128 Seiten. 1955. *(1131)*

Formale Logik von *P. Lorenzen.* 165 Seiten. 1958. *(1176/1176a)*

Elemente der Funktionentheorie von *K. Knopp* †. 4. Auflage. 144 Seiten, 23 Figuren. 1955. *(1109)*

Funktionentheorie von *K. Knopp* †. 2 Bände.
I: Grundlagen der allgemeinen Theorie der analytischen Funktionen. 9., neubearbeitete Auflage. 144 Seiten, 8 Figuren. 1957. *(668)*
II: Anwendungen und Weiterführung der allgemeinen Theorie. 8./9. Auflage. 130 Seiten, 7 Figuren. 1955. *(703)*

Aufgabensammlung zur Funktionentheorie von *K. Knopp* †. 2 Bände.
I: Aufgaben zur elementaren Funktionentheorie. 5. Auflage. 135 Seiten. 1957. *(877)*
II: Aufgaben zur höheren Funktionentheorie. 5. Auflage. 144 Seiten. 1959. *(878)*

Gewöhnliche Differentialgleichungen von *G. Hoheisel.* 5., durchgesehene Auflage. 129 Seiten. 1956. *(920)*

Partielle Differentialgleichungen von *G. Hoheisel.* 3., neubearbeitete Auflage. 130 Seiten. 1953. (1003)

Aufgabensammlung zu den gewöhnlichen und partiellen Differentialgleichungen von *G. Hoheisel.* 3., durchgesehene und verbesserte Auflage. 124 Seiten. 1958. *(1059)*

Integralgleichungen von *G. Hoheisel.* 2., durchgesehene Auflage. 1959. In Vorbereitg. *(1099)*

Mengenlehre von *E. Kamke.* 3., neubearbeitete Auflage. 194 Seiten, 6 Figuren. 1955. *(999/999a)*

Gruppentheorie von *L. Baumgartner.* 3., neubearbeitete Auflage. 110 Seiten, 3 Tafeln. 1958. *(837)*

Ebene und sphärische Trigonometrie von *G. Hessenberg* †. 5. Auflage, durchgesehen von *H. Kneser.* 172 Seiten, 60 Figuren. 1957. *(99)*

Darstellende Geometrie von *W. Haack.* 3 Bände.
I: Die wichtigsten Darstellungsmethoden. Grund- und Aufriß ebenflächiger Körper. 2., durchgesehene und ergänzte Auflage. 113 Seiten, 120 Abbildungen. 1958. (*142*)
II: Körper mit krummen Begrenzungsflächen. Kotierte Projektionen. 2., durchgesehene und ergänzte Auflage. 129 Seiten, 86 Abbildungen. 1959. (*143*)
III: Axonometrie und Perspektive. 127 Seiten, 100 Abbildungen. 1957. (*144*)

Analytische Geometrie von *K. P. Grotemeyer.* 202 Seiten, 73 Abbildungen. 1958. (*65/65a*)

Nichteuklidische Geometrie. Hyperbolische Geometrie der Ebene von *R. Baldus* †. Durchgesehen und herausgegeben von *F. Löbell.* 3., verbesserte Auflage. 140 Seiten, 70 Figuren. 1953. (*970*)

Differentialgeometrie von *K. Strubecker* (früher *Rothe*). 3 Bände.
I: Kurventheorie der Ebene und des Raumes. 150 Seiten, 18 Figuren. 1955. (*1113/1113a*)
II: Theorie der Flächenmetrik. 195 Seiten, 14 Figuren. 1958. (*1179/1179a*)
III: Theorie der Flächenkrümmung. 254 Seiten, 38 Figuren. 1959. (*1180/1180a*)

Einführung in die konforme Abbildung von *L. Bieberbach.* 5., erweiterte Auflage. 180 Seiten, 42 Figuren. 1956. (*768/768a*)

Vektoren und Matrizen von *S. Valentiner.* 8., erweiterte Auflage der „Vektoranalysis". Mit Anhang: Aufgaben zur Vektorrechnung von *H. König.* 202 Seiten, 35 Figuren. 1958. (*354/354a*)

Versicherungsmathematik von *F. Böhm.* 2 Bände.
I: Elemente der Versicherungsrechnung. 3., vermehrte und verbesserte Auflage. Durchgesehener Neudruck. 151 Seiten. 1953. (*180*)
II: Lebensversicherungsmathematik. Einführung in die technischen Grundlagen der Sozialversicherung. 2., verbesserte und vermehrte Auflage. 205 Seiten. 1953. (*917/917a*)

Finanzmathematik von *M. Nicolas.* 192 Seiten, 11 Tafeln, 8 Tabellen und 72 Beispiele. 1959. (*1183/1183a*)

Physik

Einführung in die theoretische Physik von *W. Döring.* 5 Bände.
I: Mechanik. 119 Seiten, 29 Abbildungen. 1954. (*76*)
II: Das elektromagnetische Feld. 122 Seiten, 15 Abbildungen. 1955. (*77*)
III: Optik. 117 Seiten, 32 Abbildungen. 1956. (*78*)
IV: Thermodynamik. 107 Seiten, 9 Abbildungen. 1956. (*374*)
V: Statistische Mechanik. 114 Seiten, 12 Abbildungen. 1957. (*1017*)

Atomphysik von *K. Bechert* und *Ch. Gerthsen* †. 7 Bände.
I: Allgemeine Grundlagen. 1. Teil. 4., durchgesehene Auflage von *A. Flammersfeld.* 124 Seiten, 35 Abbildungen. 1959. (*1009*)
II: Allgemeine Grundlagen. 2. Teil. 3., umgearbeitete Auflage. 112 Seiten, 48 Abbildungen. 1955. (*1033*)
III: Theorie des Atombaus. 1. Teil. 3., umgearbeitete Auflage. 148 Seiten, 16 Abbildungen. 1954. (*1123/1123a*)
IV: Theorie des Atombaus. 2. Teil. 3., umgearbeitete Auflage. 170 Seiten, 14 Abbildungen. 1954. (*1165/1165a*)

Differentialgleichungen der Physik von *F. Sauter.* 3., durchgesehene und ergänzte Auflage. 148 Seiten, 16 Figuren. 1958. (*1070*)

Physikalische Formelsammlung von *G. Mahler* †. Neubearbeitet von *K. Mahler*. 10., durchgesehene Auflage. 153 Seiten, 69 Figuren. 1959. (*136*)

Physikalische Aufgabensammlung von *G. Mahler* †. Neubearbeitet von *K. Mahler*. Mit den Ergebnissen. 10., durchgesehene Auflage. 127 Seiten. 1959. (*243*)

Chemie

Geschichte der Chemie in kurzgefaßter Darstellung von *G. Lockemann*. 2 Bände.
I: Vom Altertum bis zur Entdeckung des Sauerstoffs. 142 Seiten, 8 Bildnisse. 1950. (*264*)
II: Von der Entdeckung des Sauerstoffs bis zur Gegenwart. 151 Seiten, 16 Bildnisse. 1955. (*265/265a*)

Anorganische Chemie von *W. Klemm*. 10., überarbeitete und ergänzte Auflage. 185 Seiten, 18 Abbildungen. 1958. (*37*)

Organische Chemie von *W. Schlenk*. 7., erweiterte Auflage. 269 Seiten, 16 Abbildungen. 1957. (*38/38a*)

Physikalische Methoden der Organischen Chemie von *G. Kresze*. 1959. In Vorbereitung. (*44*)

Allgemeine und physikalische Chemie von *W. Schulze*. 2 Bände. 4., neubearb. Aufl.
I: 139 Seiten, 10 Figuren. 1955. (*71*)
II: 176 Seiten, 37 Figuren. 1956. (*698/698a*)

Molekülbau. Theoretische Grundlagen und Methoden der Strukturermittlung von *W. Schulze*. 123 Seiten, 43 Figuren. 1958. (*786*)

Physikalisch-chemische Rechenaufgaben von *E. Asmus*. 3., verbesserte Auflage. 96 Seiten. 1958. (*445*)

Analytische Chemie von *J. Hoppe*. 2 Bände. 5., verbesserte Auflage.
I: Reaktionen. 135 Seiten. 1950. (*247*)

Maßanalyse. Theorie und Praxis der klassischen und der elektrochemischen Titrierverfahren von *G. Jander* und *K. F. Jahr*. 8., durchgesehene und ergänzte Auflage. 313 Seiten, 49 Figuren. 1959. (*221/221a*)

Thermochemie von *W. A. Roth* †. 2., verbesserte Auflage. 109 Seiten, 16 Figuren. 1952. (*1057*)

Stöchiometrische Aufgabensammlung von *W. Bahrdt* † und *R. Scheer*. Mit den Ergebnissen. 6., durchgesehene Auflage. 118 Seiten. 1957. (*452*)

Technologie

Die Chemie der Kunststoffe von *K. Hamann*. 1959. In Vorbereitung. (*1173*)

Warenkunde von *K. Hassak* † und *E. Beutel* †. 2 Bände.
I: Anorganische Waren sowie Kohle und Erdöl. 8. Auflage. Neubearbeitet von *A. Kutzelnigg*. 119 Seiten, 18 Figuren. 1958. (*222*)
II: Organische Waren. 7. Auflage. Neubearbeitet von *A. Kutzelnigg*. 143 Seiten, 32 Figuren. 1949. (*223*)

Die Fette und Öle von *K. Braun* †. 5., völlig neubearbeitete und verbesserte Auflage von *Th. Klug*. 145 Seiten. 1950. (*335*)

Die Seifenfabrikation von *K. Braun* †. 3., neubearbeitete und verbesserte Auflage von *Th. Klug*. 116 Seiten, 18 Abbildungen. 1953. (*336*)

Textilindustrie von *A. Blümcke*.
I: Spinnerei und Zwirnerei. 111 Seiten, 43 Abbildungen. 1954. (*184*)

Biologie

Einführung in die allgemeine Biologie und ihre philosophischen Grund- und Grenzfragen von *M. Hartmann*. 132 Seiten, 2 Abbildungen. 1956. (*96*)

Hormone von *G. Koller*. 2., neubearbeitete und erweiterte Auflage. 187 Seiten, 60 Abbildungen, 19 Tabellen. 1949. (*1141*)

Fortpflanzung im Tier- und Pflanzenreich von *J. Hämmerling*. 2., ergänzte Auflage 135 Seiten, 101 Abbildungen. 1951. (*1138*)

Geschlecht und Geschlechtsbestimmung im Tier- und Pflanzenreich von *M. Hartmann*. 2., verbesserte Auflage. 116 Seiten, 61 Abbildungen, 7 Tabellen. 1951. (*1127*)

Symbiose der Tiere mit pflanzlichen Mikroorganismen von *P. Buchner*. 2., verbesserte und vermehrte Auflage. 130 Seiten, 121 Abbildungen. 1949. (*1128*)

Mikrobiologie von *W. Schwartz* und *A. Müller*. 2 Bände. 2., verbesserte und ergänzte Auflage.
I: 1959. In Vorbereitung. (*1155*)

Botanik

Entwicklungsgeschichte des Pflanzenreiches von *H. Heil*. 2. Auflage. 138 Seiten, 94 Abbildungen, 1 Tabelle. 1950. (*1137*)

Morphologie der Pflanzen von *L. Geitler*. 3., umgearbeitete Auflage. 126 Seiten, 114 Abbildungen. 1953. (*141*)

Pflanzengeographie von *L. Diels* †. 5., völlig neubearbeitete Auflage von *F. Mattick*. 195 Seiten, 2 Karten. 1958. (*389/389a*)

Die Laubhölzer. Kurzgefaßte Beschreibung der in Mitteleuropa gedeihenden Laubbäume und Sträucher von *F. W. Neger* † und *E. Münch* †. 3., durchgesehene Auflage, herausgegeben von *B. Huber*. 143 Seiten, 63 Figuren, 7 Tabellen. 1950. (*718*)

Die Nadelhölzer (Koniferen) und übrigen Gymnospermen von *F. W. Neger* † und *E. Münch* †. 4. Auflage, durchgesehen und ergänzt von *B. Huber*. 140 Seiten, 75 Figuren, 4 Tabellen, 3 Karten. 1952. (*355*)

Pflanzenzüchtung von *H. Kuckuck*. 2 Bände.
I: Grundzüge der Pflanzenzüchtung. 3., völlig umgearbeitete und erweiterte Auflage. 132 Seiten, 22 Abbildungen. 1952. (*1134*)
II: Spezielle gartenbauliche Pflanzenzüchtung (Züchtung von Gemüse, Obst und Blumen). 178 Seiten, 27 Abbildungen. 1957. (*1178/1178a*)

Zoologie

Entwicklungsphysiologie der Tiere von *F. Seidel*. 2 Bände.
- I: Ei und Furchung. 126 Seiten, 29 Abbildungen. 1953. (*1162*)
- II: Körpergrundgestalt und Organbildung. 159 Seiten, 42 Abbildungen. 1953. (*1163*)

Das Tierreich
- I: Einzeller, Protozoen von *E. Reichenow*. 115 Seiten, 59 Abbildungen. 1956. (*444*)
- II: Schwämme und Hohltiere von *H. J. Hannemann*. 95 Seiten, 80 Abbildungen. 1956. (*442*)
- III: Würmer. Platt-, Hohl-, Schnurwürmer, Kamptozoen, Ringelwürmer, Protracheaten, Bärtierchen, Zungenwürmer von *S. Jaeckel*. 114 Seiten, 36 Abbildungen. 1955. (*439*)
- IV,1: Krebse von *H. E. Gruner* und *K. Deckert*. 114 Seiten, 43 Abbildungen. 1956. (*443*)
- IV,2: Spinnentiere (Trilobitomorphen, Fühlerlose) und Tausendfüßler von *A. Kaestner*. 96 Seiten, 55 Abbildungen. 1955. (*1161*)
- IV,3: Insekten von *H. von Lengerken*. 128 Seiten, 58 Abbildungen. 1953. (*594*)
- V: Weichtiere. Urmollusken, Schnecken, Muscheln und Kopffüßer von *S. Jaeckel*. 92 Seiten, 34 Abbildungen. 1954. (*440*)
- VI: Stachelhäuter. Tentakulaten, Binnenatmer und Pfeilwürmer von *S. Jaeckel*. 100 Seiten, 46 Abbildungen. 1955. (*441*)
- VII,2: Fische von *D. Lüdemann*. 130 Seiten, 65 Abbildungen. 1955. (*356*)
- VII,3: Lurche (Chordatiere) von *K. Herter*. 143 Seiten, 129 Abbildungen. 1955. (*847*)
- VII,4: Kriechtiere (Chordatiere) von *K. Herter*. In Vorbereitung. (*447*)
- VII,5: Vögel (Chordatiere) von *H.-A. Freye*. In Vorbereitung. (*869*)
- VII,6: Säugetiere (Chordatiere) von *Th. Haltenorth*. In Vorbereitung. (*282*)

Land- und Forstwirtschaft

Landwirtschaftliche Tierzucht. Die Züchtung und Haltung der landwirtschaftlichen Nutztiere von *H. Vogel*. 139 Seiten, 11 Abbildungen. 1952. (*228*)

Kulturtechnische Bodenverbesserungen von *O. Fauser*. 2 Bände.
- I: Allgemeines, Entwässerung. 5., verbesserte und vermehrte Auflage. 127 Seiten, 49 Abbildungen. 1959. (*691*)
- II: Bewässerung, Ödlandkultur, Umlegung. 4., neubearbeitete Auflage. 150 Seiten, 67 Abbildungen. 1948. (*692*)

Agrikulturchemie von *K. Scharrer*. 2 Bände.
- I: Pflanzenernährung. 143 Seiten. 1953. (*329*)
- II: Futtermittelkunde. 192 Seiten. 1956. (*330/330a*)

Geologie, Mineralogie, Kristallographie

Geologie von *F. Lotze*. 176 Seiten, 80 Abbildungen. 1955. (*13*)

Mineral- und Erzlagerstättenkunde von *H. Huttenlocher* †. 2 Bände.
- I: 128 Seiten, 34 Abbildungen. 1954. (*1014*)
- II: 156 Seiten, 48 Abbildungen. 1954. (*1015/1015a*)

Allgemeine Mineralogie. 10., erweiterte Auflage der „Mineralogie" von *R. Brauns* †, bearbeitet von *K. F. Chudoba.* 120 Seiten, 120 Figuren, 1 Tafel, 3 Tabellen. 1958. (*29*)

Spezielle Mineralogie. 9., erweiterte Auflage der „Mineralogie" von *R. Brauns* †, bearbeitet von *K. F. Chudoba.* 133 Seiten, 105 Figuren. 1955. (*31*)

Petrographie (Gesteinskunde) von *W. Bruhns* †. Neubearbeitet von *P. Ramdohr.* 4., durchgesehene Auflage. 104 Seiten, 10 Figuren. 1955. (*173*)

Kristallographie von *W. Bruhns* †. 5. Auflage, neubearbeitet von *P. Ramdohr.* 109 Seiten, 164 Abbildungen. 1958. (*210*)

Einführung in die Kristalloptik von *E. Buchwald.* 4., verbesserte Auflage. 138 Seiten, 121 Figuren. 1952. (*619*)

Lötrohrprobierkunde. Mineraldiagnose mit Lötrohr- und Tüpfelreaktion. Von *M. Henglein.* 3., verbesserte Auflage. 91 Seiten, 11 Figuren. 1949. (*483*)

Technik

Graphische Darstellung in Wissenschaft und Technik von *M. Pirani.* 3., erweiterte Auflage bearbeitet von *J. Fischer* unter Benutzung der von *I. Runge* besorgten 2. Auflage. 216 Seiten, 104 Abbildungen. 1957. (*728/728a*)

Technische Tabellen und Formeln von *W. Müller.* 4., verbesserte und erweiterte Auflage von *E. Schulze.* 152 Seiten, 105 Figuren. 1951. (*579*)

Elektrotechnik

Grundlagen der allgemeinen Elektrotechnik von *O. Mohr.* 3 Bände.
I: Die drei Feldformen. 96 Seiten, 41 Abbildungen, 6 Tafeln. 1956. (*196*)
II: Die wichtigsten elektrischen und physikalischen Grunderscheinungen. 95 Seiten, 36 Abbildungen, 7 Tafeln. 1956. (*197*)
III: Schaltvorgänge, Widerstandsformen, Meßtechnik. 91 Seiten, 59 Abbildungen, 1 Tafel. 1956. (*198*)

Die Gleichstrommaschine von *K. Humburg.* 2 Bände. 2., durchgesehene Auflage.
I: 102 Seiten, 59 Abbildungen. 1956. (*257*)
II: 101 Seiten, 38 Abbildungen. 1956. (*881*)

Die synchrone Maschine von *K. Humburg.* Neudruck. 109 Seiten, 78 Abbildungen. 1951. (*1146*)

Induktionsmaschinen von *F. Unger.* 2., erweiterte Auflage. 142 Seiten, 49 Abbildungen. 1954. (*1140*)

Die komplexe Berechnung von Wechselstromschaltungen von *H. H. Meinke.* 2. Auflage. 180 Seiten, 120 Abbildungen. 1957. (*1156/1156a*)

Theoretische Grundlagen zur Berechnung der Schaltgeräte von *F. Kesselring.* 3. Auflage. 144 Seiten, 92 Abbildungen. 1950. (*711*)

Einführung in die Technik selbsttätiger Regelungen von *W. zur Megede.* 176 Seiten, 86 Abbildungen. 1956. (*714/714a*)

Elektromotorische Antriebe (Grundlagen für die Berechnung) von *A. Schwaiger.* 3., neubearbeitete Auflage. 96 Seiten, 34 Abbildungen. 1952. (*827*)

Überspannungen und Überspannungsschutz von *G. Frühauf.* Durchgesehener Neudruck. 122 Seiten, 98 Abbildungen. 1950. (*1132*)

Maschinenbau

Metallkunde von *H. Borchers.* 2 Bände. 4. Auflage.
I: Aufbau der Metalle und Legierungen. 120 Seiten, 90 Abbildungen, 2 Tabellen. 1959. (*432*)
II: Eigenschaften, Grundzüge der Form- und Zustandsgebung. 180 Seiten, 107 Abbildungen, 10 Tabellen. 1959. (*433/433a*)

Die Werkstoffe des Maschinenbaues von *A. Thum* † und *C. M. v. Meysenbug.* 2 Bände.
I: Einführung in die Werkstoffprüfung. 2., neubearbeitete Auflage. 100 Seiten, 7 Tabellen, 56 Abbildungen. 1956. (*476*)
II: Die Konstruktionswerkstoffe. 132 Seiten, 40 Abbildungen. 1959. (*936*)

Dynamik von *W. Müller.* 2 Bände. 2., verbesserte Auflage.
I: Dynamik des Einzelkörpers. 128 Seiten, 48 Figuren. 1952. (*902*)
II: Systeme von starren Körpern. 102 Seiten, 41 Figuren. 1952. (*903*)

Technische Schwingungslehre von *L. Zipperer.* 2 Bände. 2., neubearbeitete Auflage.
I: Allgemeine Schwingungsgleichungen, einfache Schwinger. 120 Seiten, 101 Abbildungen. 1953. (*953*)
II: Torsionsschwingungen in Maschinenanlagen. 102 Seiten, 59 Abbildungen. 1955. (*961/961a*)

Werkzeugmaschinen für Metallbearbeitung von *K. P. Matthes.* 2 Bände.
I: 100 Seiten, 27 Abbildungen, 11 Zahlentafeln, 1 Tafelanhang. 1954. (*561*)
II: Fertigungstechnische Grundlagen der neuzeitlichen Metallbearbeitung. 101 Seiten, 30 Abbildungen, 5 Tafeln. 1955. (*562*)

Transformatoren von *W. Schäfer.* 3., überarbeitete und ergänzte Auflage. 130 Seiten, 73 Abbildungen. 1957. (*952*)

Das Maschinenzeichnen mit Einführung in das Konstruieren von *W. Tochtermann.* 2 Bände. 4. Auflage.
I: Das Maschinenzeichnen. 156 Seiten, 75 Tafeln. 1950. (*589*)
II: Ausgeführte Konstruktionsbeispiele. 130 Seiten, 58 Tafeln. 1950. (*590*)

Die Maschinenelemente von *E. A. vom Ende.* 3., verbesserte Auflage. 166 Seiten, 175 Figuren, 9 Tafeln. 1956. (*3/3a*)

Die Maschinen der Eisenhüttenwerke von *L. Engel.* 156 Seiten, 95 Abbildungen. 1957. (*583/583a*)

Walzwerke von *H. Sedlaczek* † unter Mitarbeit von *F. Fischer* und *M. Buch.* 232 Seiten, 157 Abbildungen. 1958. (*580/580a*)

Getriebelehre von *P. Grodzinski* †. 2 Bände. 2., neubearbeitete Auflage.
I: Geometrische Grundlagen. 159 Seiten, 142 Figuren. 1953. (*1061*)

Gießereitechnik von *H. Jungbluth.* 2 Bände.
I: Eisengießerei. 126 Seiten, 44 Abbildungen. 1951. (*1159*)

Die Dampfkessel und Feuerungen einschließlich Hilfseinrichtungen in Theorie, Konstruktion und Berechnung von *W. Marcard* †. 2 Bände. 2. Auflage, neubearbeitet von *K. Beck.*
I: Die theoretischen Grundlagen, Wärme, Verbrennung, Wärmeübertragung. 150 Seiten, 42 Abbildungen, 16 Tabellen. 1951. (*9*)
II: Dampfkessel. 147 Seiten, 43 Abbildungen. 1952. (*521*)

Die Dampfturbinen. Ihre Wirkungsweise, Berechnung und Konstruktion von *C. Zietemann.* 3 Bände. 3., verbesserte Auflage.
I: Theorie der Dampfturbinen. 139 Seiten, 48 Abbildungen. 1955. (*274*)
II: Die Berechnung der Dampfturbinen und die Konstruktion der Einzelteile. 132 Seiten, 111 Abbildungen. 1956. (*715*)
III: Die Regelung der Dampfturbinen, die Bauarten, Turbinen für Sonderzwecke, Kondensationsanlagen. 126 Seiten, 90 Abbildungen. 1956. (*716*)

Verbrennungsmotoren von *W. Endres.* 3 Bände.
I: Überblick. Motor-Brennstoffe. Verbrennung im Motor allgemein, im Otto- und Diesel-Motor. 153 Seiten, 57 Abbildungen. 1958. (*1076/1076a*)
II: Die heutigen Typen der Verbrennungskraftmaschinen. In Vorbereitung. (*1184*)
III: Die Einzelteile des Verbrennungsmotors. In Vorbereitung. (*1185*)

Technische Thermodynamik von *W. Nußelt* †. 2 Bände.
I: Grundlagen. 4., verbesserte Auflage. 144 Seiten, 71 Abbildungen. 1956. (*1084*)
II: Theorie der Wärmekraftmaschinen. 5. Auflage. 1959. In Vorbereitung. (*1151*)

Autogenes Schweißen und Schneiden von *H. Niese.* 5. Auflage, neubearbeitet von *A. Küchler.* 136 Seiten, 71 Figuren. 1953. (*499*)

Die elektrischen Schweißverfahren von *H. Niese.* 2. Auflage, neubearbeitet von *H. Dienst.* 136 Seiten, 58 Abbildungen. 1955. (*1020*)

Die Hebezeuge. Entwurf von Winden und Kranen von *G. Tafel.* 2., verbesserte Auflage. 176 Seiten, 230 Figuren. 1954. (*414/414a*)

Wasserbau

Wasserkraftanlagen von *A. Ludin* unter Mitarbeit von *W. Borkenstein.* 2 Bände.
I: Planung, Grundlagen und Grundzüge. 124 Seiten, 60 Abb. 1955. (*665*)
II: Anordnung und Ausbildung der Hauptbauwerke. 184 Seiten, 91 Abbildungen. 1958. (*666/666a*)

Verkehrswasserbau von *H. Dehnert.* 3 Bände.
I: Entwurfsgrundlagen, Flußregelungen. 103 Seiten, 52 Abbildungen. 1950. (*585*)
II: Flußkanalisierung und Schiffahrtskanäle. 94 Seiten, 60 Abbildungen. 1950. (*597*)
III: Schleusen und Hebewerke. 98 Seiten, 70 Abbildungen. 1950. (*1152*)

Wehr- und Stauanlagen von *H. Dehnert.* 134 Seiten, 90 Abbildungen. 1952. (*965*)

Talsperren von *F. Tölke.* 122 Seiten, 70 Abbildungen. 1953. (*1044*)

Hoch- und Tiefbau

Die wichtigsten Baustoffe des Hoch- und Tiefbaus von *O. Graf* †. 4., verbesserte Auflage. 131 Seiten, 63 Abbildungen. 1953. (*984*)

Baustoffverarbeitung und Baustellenprüfung des Betons von *A. Kleinlogel*. 2., neubearbeitete und erweiterte Auflage. 126 Seiten, 35 Abbildungen. 1951. (*978*)

Festigkeitslehre. 2 Bände.
I: Elastizität, Plastizität und Festigkeit der Baustoffe und Bauteile von *W. Gehler* † und *W. Herberg*. Durchgesehener und erweiterter Neudruck. 159 Seiten, 118 Abbildungen. 1952. (*1144*)
II: Formänderung, Platten, Stabilität und Bruchhypothesen von *W. Herberg* und *N. Dimitrov*. 187 Seiten, 94 Abbildungen. 1955. (*1145/1145a*)

Grundlagen des Stahlbetonbaus von *A. Troche*. 2., neubearbeitete und erweiterte Auflage. 208 Seiten, 75 Abbildungen, 17 Bemessungstafeln, 20 Rechenbeispiele. 1953. (*1078*)

Statik der Baukonstruktionen von *A. Teichmann*. 3 Bände.
I: Grundlagen. 101 Seiten, 51 Abbildungen, 8 Formeltafeln. 1956. (*119*)
II: Statisch bestimmte Stabwerke. 107 Seiten, 52 Abbildungen, 7 Tafeln. 1957. (*120*)
III: Statisch unbestimmte Systeme. 112 Seiten, 34 Abbildungen, 7 Formeltafeln. 1958. (*122*)

Fenster, Türen, Tore aus Holz und Metall. Eine Anleitung zu ihrer guten Gestaltung, wirtschaftlichen Bemessung und handwerksgerechten Konstruktion von *W. Wickop* †. 4., überarbeitete und ergänzte Auflage. 155 Seiten, 95 Abbildungen. 1955. (*1092*)

Heizung und Lüftung von *J. Körting* † und *W. Körting*. 2 Bände. 9., durchgesehene Auflage.
I: Das Wesen und die Berechnung der Heizungs- und Lüftungsanlagen. 1959. In Vorbereitung. (*342*)
II: Die Ausführung der Heizungs- und Lüftungsanlagen. 1959. In Vorbereitung. (*343*)

Industrielle Kraft- und Wärmewirtschaft von *F. A. F. Schmidt* und *A. Beckers*. 167 Seiten, 73 Abbildungen. 1957. (*318/318a*)

Vermessungswesen

Photogrammetrie von *G. Lehmann*. 1959. In Vorbereitung. (*1188/1188a*)

Vermessungskunde von *P. Werkmeister*. 3 Bände.
I: Stückvermessung und Nivellieren. 10., völlig neubearbeitete Auflage von *W. Großmann*. 143 Seiten, 117 Figuren. 1958. (*468*)
II: Horizontalaufnahmen und ebene Rechnungen. 8., völlig neubearbeitete Auflage von *W. Grossmann*. 133 Seiten, 97 Figuren. 1949. (*469*)
III: Trigonometrische und barometrische Höhenmessung. Tachymetrie und Topographie. 6. Auflage. 147 Seiten, 64 Figuren. 1949. (*862*)

Sammlung Göschen / Bandnummernfolge

250 Lausberg, Romanisch Sprachwissenschaft II
257 Humburg, Gleichstrommaschine I
264 Lockemann, Geschichte der Chemie I
265/265a Lockemann, Geschichte der Chemie II
270 Kirn, Einführung in die Geschichtswissenschaft
274 Zietemann, Dampfturbinen I
279 Jacob, Quellenkunde der deutschen Geschichte I
280 Jacob-Hohenleutner, Quellenkunde der deutschen Geschichte II
281 Leisegang, Einführung in die Philosophie
282 Haltenorth, Säugetiere
284 Jacob-Weden, Quellenkunde der deutschen Geschichte III
318/318a Schmidt-Beckers, Industrielle Kraft- und Wärmewirtschaft
319 Krug, Australien und Ozeanien
329 Scharrer, Agrikulturchemie I
330/330a Scharrer, Agrikulturchemie II
335 Braun-Klug, Fette und Öle
336 Braun-Klug, Seifenfabrikation
342 Körting, Heizung und Lüftung I
343 Körting, Heizung und Lüftung II
344 Moser, Musikästhetik
354/354a Valentiner-König, Vektoren und Matrizen
355 Neger-Münch, Nadelhölzer
356 Lüdemann, Fische
374 Döring, Einführung in die theoret. Physik IV
375 Preller, Geschichte Englands I
389/389a Diels-Mattick, Pflanzengeographie
391 Kolms, Finanzwissenschaft II
394/394a Schilling, Von der Renaissance bis Kant
414/414a Tafel, Hebezeuge
422 Gottschald, Deutsche Personennamen
423 Adler, Fünfstellige Logarithmen
432 Borchers, Metallkunde I
433/433a Borchers, Metallkunde II
439 Jaeckel, Würmer
440 Jaeckel, Weichtiere
441 Jaeckel, Stachelhäuter
442 Hannemann, Schwämme und Hohltiere
443 Gruner-Deckert, Krebse
444 Reichenow, Einzeller
445 Asmus, Physikal.-chem. Rechenaufgaben
447 Herter, Kriechtier
452 Bahrdt-Scheer, Stöchiometrische Aufgabensammlung
468 Werkmeister-Grossmann, Vermessungskunde I
469 Werkmeister-Grossmann, Vermessungskunde II
476 Thum-Meysenbug, Die Werkstoffe des Maschinenbaues I
483 Henglein, Lötrohrprobierkunde
492 Stolz-Debrunner, Geschichte der lateinischen Sprache
499 Niese-Küchler, Autogenes Schweißen
500 Simmel, Hauptprobleme der Philosophie
521 Marcard-Beck, Dampfkessel II
536 Lehmann, Kant
538 Rumpf, Archäologie I
539 Rumpf, Archäologie II
561 Matthes, Werkzeugmaschinen I
562 Matthes, Werkzeugmaschinen II
564 Behn, Kultur der Urzeit I
565 Behn, Kultur der Urzeit II
566 Behn, Kultur der Urzeit III
571 Lehmann, Philosophie des 19. Jahrhunderts I
576/576a Moser, Gesangskunst
579 Müller-Schulze, Techn. Tabellen
580/580a Sedlaczek-Fischer-Buch, Walzwerke
583/583a Engel, Maschinen der Eisenhüttenwerke
585 Dehnert, Verkehrswasserbau I
589 Tochtermann, Maschinenzeichnen I
590 Tochtermann, Maschinenzeichnen II
594 v. Lengerken, Insekten
597 Dehnert, Verkehrswasserbau II
601 Mutschmann, Engl. Phonetik
619 Buchwald, Kristalloptik
665 Ludin-Borkenstein, Wasserkraftanlagen I
666/666a Ludin-Borkenstein, Wasserkraftanlagen II
668 Knopp, Funktionentheorie I
677 Altheim, Römische Geschichte II
679 Altheim, Römische Geschichte III
684 Altheim, Römische Geschichte IV
691 Fauser, Kulturtechn. Bodenverbesserungen I

Autorenregister

AUTORENREGISTER

200 000 60/59 Printed in Germany

FSC
www.fsc.org
MIX
Papier | Fördert gute Waldnutzung
FSC® C083411

Kolibri 360 GmbH
Ferdinand-Jühlke-Straße 7
99095 Erfurt, Deutschland
produktsicherheit@kolibri360.de